少年儿童防性侵犯

安全读本

张菱儿 编著

自护版

中国少年儿童新闻出版总社
中国少年儿童出版社

图书在版编目（CIP）数据

少年儿童防性侵犯安全读本：自护版 / 张菱儿编著
.—北京：中国少年儿童出版社，2013.8
ISBN 978-7-5148-1277-0

Ⅰ．①少… Ⅱ．①张… Ⅲ．①性犯罪－预防犯罪－少
儿读物 Ⅳ．①D924.34-49

中国版本图书馆CIP数据核字(2013)第213498号

SHAONIANERTONG FANG XINGQINFAN ANQUAN DUBEN−ZIHUBAN

出 版 发 行：中国少年儿童新闻出版总社
中国少年儿童出版社
出 版 人：李学谦
执行出版人：赵恒峰

总 策 划：叶 刚	著 者：张菱儿
责任编辑：赵 海 力	责任印务：杨顺利
整体设计：燕娃动漫	责任校对：邹 媛

社 址：北京市朝阳区建国门外大街丙12号	邮政编码：100022
总 编 室：010-57526071	传 真：010-57526075
发 行 部：010-57526568	
h t t p ://www.ccppg.com.cn	
e-m a i l：zbs@ccppg.com.cn	

印刷：廊坊市飞腾彩印制版有限公司

开本：710mm×1000mm 1/16	印张：11.75
2014年4月第1版	2014年4月河北第1次印刷
字数：100千字	印数：10000册

ISBN 978-7-5148-1277-0 定价：21.80元

出版说明

    近来，中小学生被性侵犯事件时有发生，令我们感到痛心和难过。侵犯人为什么屡屡选择少年儿童为目标，究其原因，主要是少年儿童辨别是非的能力差，反抗能力弱，缺乏警惕性和自我保护意识。

    随着网络和智能手机的普及，越来越多的人享受到信息网络的便捷。网络的虚拟性满足了人们的好奇心，也拉近了天南地北的人与人之间的距离，无论见没见过面，无论在不在一个地区，都能通过看不见的网络，与世界各地的人们畅快地相互聊天，通过视频见面。但是，网络有着很大的风险，尤其是对于辨别是非能力不强而好奇心特大的孩子来说，存在着一个潜在的隐患。

为了防止少年儿童上当受骗，我们编辑了这本《少年儿童防性侵犯安全读本》，旨在少年儿童通过阅读一些案例，增强自我保护意识和防范意识，不给坏人有机之乘。我们无法要求犯罪分子有正常人一样的心理和道德底线，我们能做的，只有提高警惕，让自己尽可能地远离危险境地。

目 录

第一章 身体真奇妙——认识性   1

一 人之初，认识性——性与性别   3

二 取人长，补己短——借鉴各国的经验   11

三 性问题，不羞涩——性教育中面对的难题   20

四 养不教，父母过——父母是孩子最好的老师   32

第二章 男孩儿女孩儿要设防——警惕性侵犯   41

一 是尴尬，是无奈——少年儿童性侵犯的现状   43

二 树欲静，风不止——防性侵犯教育的重要性   52

三 爱恶欲，人性具——性侵犯事件的成因   61

四 遇侵害，要机智——儿童性侵犯事件分类   68

第三章 学会保护自己——性侵犯与正常交往的区别   77

    一 身体上，设"三八"——部位篇   79

    二 交往时，要警惕——对象篇   87

    三 偏僻地，不能去——环境篇   94

    四 遇侵害，敢说"不"——心理篇   100

第四章 秘密花园——性侵犯发生后怎么办   107

第五章 不得不说的那些事儿——案例分析   117

第六章 和性侵犯相关的法律条文摘要   143

附一：练习题   184

附二："平安结"关注全国少年儿童身心安全

     倡议活动方案（草案）   190

第一章

身体真奇妙

认识性

一 人之初，认识性

——性与性别

　　皮皮是一个刚刚出生的男婴儿，他躺在床上，脚蹬手挠，一张小脸涨得通红，嗷嗷地哭。爸爸急忙走过去，把他抱了起来，轻轻拍着，柔声地对他说话。说也奇怪，皮皮的哭声立刻停止了。他瞪着一双大眼睛，看着爸爸的脸，吃起了自己的手指头，而且吃得津津有味。爸爸吃惊地叫道："天啊，孩子一生下来就知道吃手啦！"

　　皮皮又可爱又淘气，几乎一天一个样儿地成长，一家人自然喜欢得不得了。尤其是爷爷，经常揪一下他的小鸡鸡，说声"吃一个！"来逗他的大胖孙子。

每当这时候，皮皮就会咯咯地笑。

妈妈悄悄对爸爸说："你告诉爸一声，别老让他那样逗孩子！"

"男孩子嘛，都这样！没什么大不了的！"爸爸大大咧咧地说。皮皮长到三岁后，妈妈发现儿子有一个毛病，他一个人躺在床上的时候，总是喜欢摸着自己的小鸡鸡玩儿。妈妈看见后，会把他的手拿开，塞给他一个玩具或递给他一本故事书，转移他的注意力。可是闲下来的时候，皮皮的小手就又会不知不觉地摸上去。

有一次，妈妈看见皮皮又在摸小鸡鸡，她有点生气了，忍不住打了皮皮的小手一下。皮皮哇哇哭起来。

奶奶听见孙子的哭声，急忙奔过来，一边哄孙子一边问道："怎么啦？"

"他老摸自己的小鸡鸡玩儿，说过许多次也不改，真是气死我啦！"妈妈气哼哼地说。

"唉，至于吗？他长大了自然就改了！"爸爸满不在乎地说。

"男孩子都这样！"爷爷也搭腔说。

"他的手啥都摸，多不卫生呀，要养成这么个习惯可就麻烦了！"妈妈担心地说。

见爷爷、奶奶和爸爸都不理解，妈妈感觉很苦闷。她去幼儿园接孩子的时候，碰见她的同学也来接孩子，

这个同学是一位医生，她家女儿和皮皮在一个班里。趁着皮皮和同学家的女儿一起玩儿的工夫，妈妈把她的苦恼讲给她的同学听，同学听完妈妈的讲述，告诉妈妈："首先，你打孩子肯定是不对的！其次，爷爷奶奶和爸爸的态度也是不对的。"

"我知道我错了，可我一时没忍住火！快告诉我该怎么办呢？"

"你要心平气和地告诉孩子，他的小鸡鸡是他的隐私处，不能随便乱摸！"

"好吧，回家我试试！谢……"妈妈的话还没有

说完，同学的女儿突然哭起来。"哟，怎么啦？"妈妈和她的同学停止谈话，急忙走上前看孩子，还以为俩孩子打架了呢。

"天哪，你怎么尿裤子啦！"妈妈的同学惊讶地问女儿。

"皮皮站着撒尿，我也站着，裤子就湿了！"小女孩儿委屈地说。

"皮皮是男孩儿，你是女孩儿，男孩儿和女孩儿不一样，男孩儿长着小鸡鸡，露在外面，所以能站着尿；女孩儿的小鸡鸡藏在身体里面，叫阴道，所以撒尿要蹲下。好啦，和皮皮再见，咱们回家去换裤子吧！"妈妈的同学和女儿说完，和皮皮妈妈告别，急忙开车回家去了。

当天晚上，当皮皮洗完澡，又一次把小手伸向两腿中间的时候，妈妈握住了他的手，轻声对他说："宝贝，你的小鸡鸡是你的隐私处，它叫阴茎，是用来撒尿的，不能拿它像玩具一样玩，更不要让别人随便碰，不然玩坏了就得去医院，打针吃药，闹不好还要打吊瓶呢！"

"我不打吊瓶！"皮皮想起有一次生病，护士姐姐把一根管子插在他的脑袋上，一动不动地躺在床上，简直难受死了。

"那你以后就要注意不要老摸阴茎啦！"

"嗯！"皮皮听话地点点头。

刚开始，皮皮躺在床上的时候，觉得很不习惯，手不知道应该放在哪儿，妈妈就套上手偶，带他做各种各样的游戏，或者教给他数数：一、二、三、四、五……渐渐地，皮皮改掉了摸小鸡鸡的坏习惯。

儿童从一出生，就会从爸爸妈妈的抚摸和说话的音调语气中，感觉到爱，就像上例中的皮皮一样，爸爸抱起他，和他说话，他立马儿就停止了哭闹。精神分析学的创始人弗洛伊德认为，这就是"性"的开始。性，是人或事物本身所具有的能力，也可以看成是思想、感情等方面的表现。

零到一岁的婴幼儿，嘴唇接触到妈妈的乳头，就会感觉很愉快；但儿童在吸吮不到乳头时，就会把自己的手指头或能接触到的东西往嘴里送，产生幸福感和满足感。现代医学通过仪器可以观测到：胎儿在妈妈的子宫里就已经会吸吮手指了。当然，儿童处在婴幼儿时期，性欲完全是自发和无意识的，在情感道德分化之前，他们根本不懂什么是性行为的羞耻心、厌恶感和道德观念，只知道饿了就吃，饱了就睡。

婴幼儿从一岁生长到两岁左右，就可以根据衣服、头发来判断男人和女人，知道见到年轻的女性，喊姐姐或阿姨，见到男性，喊哥哥或叔叔了，但是这时候，儿童对自己是男孩儿是女孩儿还不能清楚地认识。这一时期，儿童对身体的排泄活动，是最感兴趣的，甚至会拿着排泄物把玩。有的家长对这一行为很不理解，看到孩子玩的脏兮兮的，会大声呵斥孩子甚至打骂孩子。其实，这是我们每个人成长中必然经过的一段时期，只不过家长忘记了当年的自己而已。一直等儿童长到两三岁左右，才能正确地说出自己是男孩儿还是女孩儿。所以说，一岁半到三岁，是性别认同建立的关键期。

三到五岁左右的时候，儿童就会明白：男孩儿长大后会变成爸爸，女孩儿长大后会当妈妈。这时的儿童有了初步的性别意识：女孩儿喜欢跟爸爸在一起，男孩儿喜欢跟妈妈在一起。这一时期，是儿童性欲发展中的危险期，对儿童的行为要求，家长要强化男女的区别。比如男孩儿，看到女孩儿穿裙子漂亮，也会闹着要穿；这时家长要告诉孩子："你是男孩儿，应该穿男孩儿的衣服；裙子是女孩儿穿的衣服。"女孩儿看到男孩子站着小便，也会模仿。就像上面提到的小女孩一样，模仿皮皮结果尿了裤子，因为她的妈妈是医生，就会抓住时机，正确引导女儿："皮皮是男孩儿，你是女孩儿，男孩儿和女孩不一样，男孩长着小鸡鸡，露在外面，所以能站着尿；女孩儿小鸡鸡藏着身体里面，叫阴道，所以撒尿要蹲下。"

　　这一时期，儿童会对抚摸自己的阴茎或阴蒂感兴趣。家长发现时，千万不要呵斥或打骂哦，应该耐心地告诉儿童："这是你的隐私处，是用来排尿的，不能当玩具一样玩。玩坏了或弄脏了，是会生病需要看医生的。"同时也应该告诉儿童，"你看平时都用小裤衩保护着它，说明阴茎或阴蒂是需要保护的地方，所以，这里除了妈妈给你洗澡外，不要让别人摸。"

一般到六至八岁，儿童才会有正确的性别认同。知道性别不管在什么情况下都是一样的，不会因为发型、服装的改变而发生变化。这一时期，尽管儿童的心中存在着很多疑惑和好奇，但也不会再像小不点儿的时候一样，口无遮拦地向家长问一些关于性的问题了，儿童学会了思考，懂得了害羞。

九岁到十二岁的时候，随着社交能力在不断增强，儿童性心理表现的比较平静，对性探索的兴趣开始转移到学习新知识和与同学们交往、游戏中去了。男孩子喜欢打仗、打游戏、比赛等一些冒险刺激的游戏，女孩子喜欢和同性小朋友一起玩耍。

十二岁到十八岁，进入青春期（现在的孩子进入青春期的时间可能比这要早一年）。这是从童年向成年过渡的一个时期，也是青少年心理发育和生理发育急剧变化的一个时期，孩子的身体和内分泌系统都迅速发展，第二特征更加明显。男孩儿声带变粗，长出胡须，出现手淫和遗精现象；女孩儿月经来潮，并逐渐趋向规律，乳房发育生长，逐渐成熟。他们开始对年龄相仿的异性产生朦胧的情意。

ニ 取人长，补己短

——各国经验的借鉴

　　日本的性教育专家主张儿童的性教育应该"从娃娃抓起"。在东京的一所小学里，老师利用孩子们喜欢布娃娃的心理，特别制作了一种布娃娃对学生们进行性教育。布娃娃的身体上明确标有男孩儿和女孩儿的身体特征，这种布娃娃既能当玩具让学生们抱着玩耍，又能够直观地让孩子们比较男女身体的不同构造，从而了解最基本的生理知识，真正达到"寓教于乐"的效果。除此之外，针对幼儿和儿童，日本的性教育图谱似乎更容易让家长接受一些。

目前，我国儿童性侵犯案件逐年上升，性教育成了一门特殊而不可或缺的课程。怎样才能从小树立健康的性观念，遇到歹徒学会保护自己，已经成为包括中国在内的世界各国公开关注并探讨的问题。世界各国从本国实际出发，自 20 世纪 70 年代起就将性教育纳入国民教育体系，经过一段时间的发展和完善，已经有了一定的体系和特色。我们不妨看看其他一些国家的性教育情况，看看是不是有一些值得我们借鉴的地方：

瑞典：是世界上第一个成立全国性教育组织的国家。1942 年政府规定在学校里要进行性教育。1945 年出台了性教育大纲。1955 年瑞典学校的学生成了全世界第一个要接受义务性教育的国家。对 7 岁以上的少年儿童，学校采取启发式、游戏式和参与式的教学方法，将性教育普及。1966 年，除了学校的正规性教育，瑞典电视台还采用电视授课，避免家长对孩子难以启齿谈"性"的局面。目前，瑞典已有 200 个少男少女门诊，性教育专家免费向青少年开放咨询与治疗。另外瑞典政府还建立了少女中心，通过国际互联网、同伴教育、媒体及非政府组织的各种性教育活动，使性教育在全国开展。瑞典的性教育有三个特点：1从幼儿开始；2实用性强；3性科学教育一步到位，不兜圈子。性教育公开化效果很好，少女妊娠和人流数明显减少，性病、性犯罪比例不断下降。

美国：在1990年就有50%的学校开展性教育活动，并以此指导和配合家庭的性教育。一般学生进入中学七八年级，就开始在每周的健康课程中接受性教育，设置性健康课程，内容包括生理卫生知识、性安全和如何防止性途径的传染病等。现在，美国中学生必修的性教育课有一款名叫《私处》的网络游戏，"玩家指挥一群小小的带着避孕套作头盔的战士，深入女性私处。"在游戏中，玩家遇到的敌人是HIV病毒、疱疹、梅毒等性行为中常见的疾病，只要玩家敲一下空格键，电脑屏幕上就会出现敌人的简介和相关的卫生保健知识，让孩子在游戏中受到性教育。

日本：日本教育机构是从青少年最喜欢的艺术形式——动漫入手，以动漫为载体，以生动活泼的形式向孩子传授性知识。内容包括身体发育、心理发展、男女人际关系、与社会协调等方面。小学性教育的内容分为六学年学习：第一学年主要讲解保护身体，男女友好相处以及不受引诱；第二学年开始接触长大的身体；如此循序渐进，直至第六学年教授射精、异性朋友等知识。另外，日本小学里一年中有1-2小时的特别讲座，内容是男女之间身体的区别、月经和怀孕的原理等等。初中一年当中也有1-2小时的特别讲座，在体育保健课里面也讲到，学校呼吁不要进行危险的性行为，还学到避孕和性病知识。 高中时是在体育保健课和家庭生活课里有性教育的课程，关于避孕、性病，还讨论伦理道德方面和流产。在初、高中，日本每所学校里都有专门由专家学者成立的"协助者协会"，负责向学生提供各种性咨询、性教育，并编写性教育指导手册。

　　韩国：韩国的性教育开始于1983年。从2001年起，在小学和中学，安排10课时以上的性教育。教育人力资源部帮助每个学校按类别配备担任性教育的老师。一般从小学5、6年级（12-13岁）开始，每年会在学校进行一两次性教育。但近年来其性教育对象的年龄正在减小，并在探索针对儿童的性教育方式。为了小学低年级的性教育，韩国的出版社出版了一系列

儿童性教育的童话书，用童话讲性。

在初中阶段，给学生们讲解避孕的目的、种类和流产等知识。高中生则应该掌握详细的避孕方法、避孕失败的原因等。

马来西亚：在马来西亚，4岁的孩子开始接受性教育，性教育和其他学科一样，是学校学习的科目之一，学习人文发展、两性关系、婚姻与家庭、沟通技巧，以及安全的性行为。学校担心小学生听不懂，所以小学生用的教材，是一些图文并茂的小册子，宣传如何保护自己身体之类的知识。初中的教科书里就有不少性知识的传授，包括避孕受孕等。父母也会主动给孩子谈到一些性知识。另外，马来西亚还有许多热线帮助、辅导中心和收留中心。

荷兰：在荷兰，孩子6岁开始上学，一入学就开始接受性教育，学校有专门的课时安排，与学习其他课程一样，没有什么特别之处；孩子们还可以自己做研究报告，甚至会在餐桌上和父母讨论性方面的话题。荷兰人性开放的态度并没有像人们所担心的那样，相反，在欧洲国家中，荷兰拥有欧洲国家最低的青少年怀孕比率。教育专家们认为，对青少年甚至儿童开展早期性教育，可以帮助青少年知道如何保护自己，不至于因一时的性冲动或对性的某种无知而做下令自己后悔终生的憾事。

芬兰：从20世纪70年代开始，芬兰就把性教育设到了中小学的教学大纲，让孩子们能争取认识自己，系统地学习，就连幼儿园也有正面的性教育图书。芬兰一面对孩子们加强性道德教育，一面从性保健出发对孩子们进行性知识教育。芬兰性教育的书名是《我们的身体》，家长可以像讲《一千零一夜》那样，每天给孩子讲一节，性教育就自然而然地开始了。几十年过去了，芬兰的性教育取得了举世瞩目的成效，芬兰被世界人口与发展会议树为好的典范。

英国：英国政府通过的法律规定：必须对5岁的儿童开始进行强制性的性教育。英国所有公立中小学根据"国家必修课程"的具体规定来进行性教育。大致分为四个阶段：5~7岁，了解人体各种器官的名称，懂得人类可以孕育下一代，并能区分男女身体上的不同。8~10岁，掌握人类生命周期的各个主要阶段，包括生长发育、生殖等等。11~13，让孩子懂得青春期给他们带来的心理和生理上的变化情况，包括月经、遗精、受精等等。14~16岁，了解激素对人体的作用，医学上使用激素控制与提高生育力的情况以及男女性别的决定因素等。

西方一些国家通过互动、参与、角色扮演等方式对孩子进行性教育，效果显著，由于东方和西方文化背景的不同，性道德价值观也存在不同，所以这些方法我们可以借鉴，但不能照搬。

在我国，儿童的性教育在小学直到五年级才开始。2001 年，我国学校课程设置颁布了新的标准，将健康教育与体育教育合并，稀释了议题的重要性。在"体育与健康教育"这门课程中，一些新的领域如健康与健身、营养以及疾病预防等均有涉及。从 2003 年开始，教育部新增了毒品与艾滋病相关课程。到了初中，设置《生理卫生》课，但涉及到性教育一课，老师常常要学生们自己看，而不是像其他课程一样，讲给孩子们听。

从 2010 年起，北京市陆续有一些学校使用《珍爱生命——小学生性健康教育读本》，在学校从一年级开始开设性教育校本课程，受益学生达 3300 多人。去年，第一批接受完整小学 1～6 年级性教育的学生已经毕业，行知学校也成为国内第一个从小学一年级开始在各个年级都开设性教育校本课程的学校，全校受益学生 820 人。

近日，针对近期全国发生的多起少年儿童被性侵犯案件，教育部、公安部、共青团中央、全国妇联四部门联合下发了《关于做好预防少年儿童遭受性侵工作的意见》。

《意见》指出：各地教育部门、共青团、妇联组织要通过课堂教学、讲座、班队会、主题活动、编发手册等多种形式开展性知识教育、预防性侵犯教育，广泛宣传"家长保护儿童须知"及"儿童保护须知"，教育学生特别是女学生提高自我保护意识和能力，了解预防性侵犯的知识，知道什么是性侵犯，遭遇性侵犯后如何寻求他人帮助；对所有女生宿舍实行"封闭式"管理，发现有无故夜不归宿者要及时报告；要加强校园周边巡逻防控，防止发生社会人员性侵犯在校女学生案件；坚决清理和杜绝不合格人员进校工作，落实对校长、教师和职工从业资格有关规定，加强对临时聘用人员的准入资质审查，将师德教育、法制教育纳入教职员工培训内容及考核范围。对品行不良、侮辱学生、影响恶劣的，由县级以上教育行政部门撤销其教师资格；共青团组织要依托各地12355青少年服务台，开设自护教育热线，组织专业社工、公益律师、志愿者开展有针对性的自护教育、心理辅导和法律咨询。妇联组织要将预防性侵犯教育纳入女童尤其是农村留守流动女童家庭教育指导服务重点内容，特别是农村留守流动女童，更值得关注。

《意见》要求定期开展隐患摸底排查，全面落实日常管理制度，密切保持家庭学校联系。对于因预防少年儿童遭受性侵工作开展不力，而导致多起性侵少年儿童事件发生，造成不良影响的地方要进行问责。

可见，我国也正在逐步加强对少年儿童的性教育。

三 性问题，不羞涩

——性教育中面对的难题

　　豆豆是个四岁的小女孩儿，爸爸妈妈在外地打工，她跟着爷爷奶奶生活。一天，豆豆突然问奶奶："我是从哪儿来的？"

　　奶奶一愣，一时间不知道该怎么回答，抬头看看爷爷，向他求助。哪知道爷爷干咳了两声，像没看见奶奶的眼神一样，把头扭向一边。于是，奶奶顺嘴回答说："你是爷爷从垃圾堆里捡来的。"

　　"谁把我放到垃圾堆里了？"豆豆不高兴地问。

　　"这，奶奶也说不清楚。别问了，等你长大了自然就会知道的！"奶奶含含糊糊地回答。

豆豆瞪着一双大眼睛，转向爷爷问："爷爷，奶奶说的是真的吗？"

爷爷回答："是呀，是呀！"

奶奶和爷爷相互看一眼，他们怕豆豆再问出更加让他们感到难堪的问题，急忙转移话题说别的。豆豆低着头摆弄着手指，不再说话，爷爷奶奶松了一口气。奶奶哪儿会想到，她随口说出的一句话，会给豆豆的心里留下阴影。

豆豆到了上学年龄，妈妈为了照顾豆豆，抓紧她的学习，让爸爸一个人在城里打工，自己回到女儿身边。

一天，豆豆放学回家，说："今天，老师讲了我们是从哪儿来的，阿莲说她妈妈生她的时候是顺产。妈妈，什么是顺产呀？"妈妈回答："顺产就是从产道里出来的呗！"

"产道在哪儿？"豆豆好奇地问。

"在……"妈妈正想着怎样给女儿做详细一点儿的解释，豆豆的奶奶听到她们母女的对话，赶紧打断妈妈："孩子还小，你跟孩子说这些干吗？"

奶奶的态度让豆豆认为奶奶是不是想隐瞒什么，加上妈妈对她的管教比爷爷奶奶严厉一些，她开始怀疑自己不是妈妈亲生的孩子了。

豆豆长到十三四岁，像其他孩子一样进入了青春期。一天，豆豆放学回到家，拿出一张试卷让妈妈签字，妈妈看到豆豆的试卷上的错题是因为粗心，就批评了她几句。豆豆本来心情就不好，再被妈妈一数落，她生气地嚷道："难怪你总是对我不好，还不是因为我是捡来的嘛！我要去找我亲妈妈去！"说完，豆豆哭着跑出了家门。

妈妈被女儿说的呆住了，她来不及多想，急忙追出来。等豆豆平静下来后，妈妈问她为什么说自己是捡来的？

豆豆说："你不用骗我了，我小时候奶奶就已经告诉我了！"

"这都是哪儿跟哪儿呢！"妈妈被豆豆说的摸不着头脑，在她的一再追问下，豆豆才说出了多年埋在她心里的话。

"豆豆，今天妈妈明确地告诉你，你是妈妈的亲女儿！是妈妈怀胎十个月，把你生下来的。这样的问题你当初应该问妈妈呀！看，妈妈的肚皮上，还有当初生你时，做手术留下的疤痕！"妈妈说着，撩起衣服给豆豆看。

看到妈妈肚皮上长长的伤疤，豆豆终于相信了妈妈的话，她含着眼泪扑进了妈妈的怀里。

每个孩子一生下来，就会瞪大一双求知的眼睛，对这个世界充满好奇心。现在，随着人们生活水平地不断提高，儿童通过手机、网络、电脑、电视等接触到大量信息，无论是生理还是心理都比十年前普遍提前了至少一年。当儿童长到一定年龄，就会像豆豆一样，向家长提出一些"令大人难堪"的问题。而且，孩子的小脑瓜里的问题会千奇百怪，经常家长刚刚回答完这一个，孩子马上又问出另一个。

一般情况下，爸爸妈妈回答起豆豆提出的这类问题，相对于爷爷奶奶的回答来说，总会清楚一些。上例中豆豆提到"我从哪里来"的问题，奶奶编出一句"善意"的谎言来搪塞孩子，这显然是不对的，影响了孩子心理的健康成长，更影响了她对性的正确认识，最后差一点儿引起一场对妈妈的误会。

随着孩子的成长，他们的认知程度在不断提高，加上他们从周围成年人结婚、怀孕、生子等等观察到的一些事情，于是对性产生朦朦胧胧的好奇感，脑瓜里的问题也会越来越多，于是会向家长提出许多疑问，寻找答案。他们经常提到的关于性教育方面的问题有：

1. 女孩儿会长小鸡鸡吗？

答：会，只是女孩儿的"小鸡鸡"叫阴道，它扁扁的，从外表看只是一条缝隙，其他部分都藏在身体里。而男孩的小鸡鸡叫做阴茎，阴茎比较大，长在身体外面。

2. 我怎么会藏在妈妈的肚子里？

答：爸爸和妈妈恋爱结婚后，爸爸的精子就会进入到妈妈的身体中，与妈妈的卵子结合在一起，变成一颗小种子，那颗小种子就是你。妈妈的肚子里有一个叫做子宫的小宫殿，你在妈妈的小宫殿里长啊长，当头、小胳膊、小腿儿都长好，妈妈的肚子装不下你的时候，你就通过妈妈身体上的一个通道，出来了。（建议家长买一本图画书或通过画图的方式，这样就能很容易讲清楚这个过程。）

3. 肚脐有什么用？

答：你住在妈妈子宫里的时候，需要吃东西才会长大。可是那时候你太小，还不会自己用嘴巴吃东西。妈妈的肚子里有一根脐带，脐带的一头连着妈妈的身体，另一头就连在你的肚脐上。妈妈吃完东西后变成各种营养，各种营养再通过那根脐带传递给你。妈妈生下你以后，你不再需要用脐带吃东西，医生就把它剪断了。就像我们从瓜秧上把长熟的瓜摘下来一样，瓜上也会留一个圆圆的瓜蒂。

4. 什么是恋爱？

答：恋爱就是当你想到那个人、等待那个人，尤其是马上就要见到那个人的时候，会心跳加速，感觉特别高兴。因此，恋爱中的大人都非常兴奋、激动，他们有说不完的话，感觉时间过得特别快。他们愿意待在一起，而且永远也不想分开。

5. 为什么大人会亲嘴？

答：嘴唇是很敏感的部位，亲嘴比吻脸颊更容易让人兴奋，你只有和自己最亲密的人才可以亲嘴。对一般的朋友，最多只是亲亲他们的脸颊或额头，但是大多时候是不用去亲他们的，只握握手或拍拍肩膀就够了。亲谁和允许谁亲你，都由自己决定。而且，即便是爷爷、奶奶、爸爸、妈妈、叔叔、婶婶、姨妈、姨夫等人，也只能在你愿意的时候才能亲你。

6. 我的乳房也会变大吗？

答：如果是男孩子，告诉他不会，你长大后会像爸爸的一样。如果是女孩子，告诉她会的。所有的女孩子长大后，乳房都会变大的。妈妈刚生下你的时候，你没有牙齿，只能吃妈妈乳房里的奶水，它是你的"饭"，你吃奶才能健康长大。

7. 为什么妈妈用卫生巾？

答：妈妈的肚子里有一个叫子宫的地方，你就是在那里长大的，里面有很多你长大所需要的营养。当妈妈的肚子里没有宝宝的时候，那些营养就用不着了，于是，它们就会脱落下来，变成很小的碎片和血一起排出身体，每个月排一次，所以叫月经。月经就像你每天要便便一样，是很正常的生理现象，一般也不疼。为了这些血不流得到处都是，就要使用卫生巾，它们能吸收流出的血。

8. 我的屁股也会长毛吗？

答：会的，不过要等你长到十二三岁以后。那时候男孩儿会在下巴上、腋下还有阴茎周围和腿上长出毛，有的还会长在胸部。不过，下巴上的胡子每天会被剃掉，就像爸爸一样。女孩儿的体毛长在腋下和阴部。

9. 为什么我的小鸡鸡有的时候会大一些？

答：你的小鸡鸡的学名叫"阴茎"。因为你的肚子里有小便了，也可能因为刚刚压到它或者你摸了它，有很多的血液流到了那里，它就会变大、变硬。你把尿撒出来，或不再触摸它，过一会儿后，它就会变小、变软了。你的小鸡鸡是撒尿的地方，对你很重要，不要总是用手摸它，尤其不要在别人面前摸，也不要让别人随便摸它。

我国受传统文化的影响比较深，有的家长回答这些问题时，能够保持一种平静、坦诚、自然的态度，耐心地讲给孩子听；有的家长相互推诿，爸爸要妈妈讲，妈妈要爸爸说，即使回答起来也是吞吞吐吐、遮遮掩掩。如果遇到后一种家长，就会让儿童觉得性很神秘，从而更加特别关注这件事情。另外，学校和社会对性教育也是持有一种消极态度。因此，性教育在我国真正推行起来有一定的难度，主要原因是：

1. 家长不知道怎么开口

家长应该是孩子性教育的第一任老师。可是，据了解，很多家长和孩子面对面谈论性这个话题时，都会觉得难为情，即使孩子问到，家长回答起来也含糊其辞，遮遮掩掩，不知道应该怎么对孩子说。于是，他们把对孩子进行这一方面的教育，过多地寄托给学校；还有一种家长错误地认为，关于性方面的问题，等孩子长大了自然会知道，不用专门地讲给孩子听。这是因为家长混淆了性行为教育和性行为的概念，他们小时候没有接受过性教育，自己对性教育也存在许多困惑，又怎么可能会讲给自己的孩子呢？

2. 性教育存在代沟

举例中豆豆的奶奶没有抓住孙女提出问题的时机，适当地对孩子进行性教育。相反，她害怕孙女谈这样的问题，认为这些事儿是很隐秘的，属于个人隐私，不是一个四五岁的小孩子应该知道的，担心孩子懂得多了会诱发孩子的性过错，所以随便说一个理由搪塞孙女。哪料想埋下了隐患。豆豆的妈妈小时候没有接受过性教育，但是她希望自己的孩子了解自己，能从小懂得如何保护好自己。豆豆的奶奶和妈妈对性教育不同的态度，反映了两代人之间的代沟，以致最后引来了豆豆的一场误会。

3. 教育部门不够重视

目前，在北京上海等一些经济比较发达的城市，儿童的性教育问题已经引起关注，并且也已经展开，但对于一些经济不够发达的城市，甚至偏远的农村和山区，教育部门不是太关注这个问题，也可能关注了，但是没有太多精力和时间来做。现在，孩子们的学习压力很重，学校没有多余的课时安排给孩子们进行性教育，尤其是在农村和偏远山区，这些地方的观念相对保守，信息也相对落后一些。加上许多幼儿老师和小学老师自己没有结婚，一谈到"性"就会害羞脸红，所以，性教育实施起来有一定难度。

4. 师资力量缺乏

目前，在学校开展性教育还存在一定的困难，因为师范院校没有开设性教育课程，幼儿园老师也没有接受过学前儿童性教育的培训，所以怎么开展，以什么形式开展，给孩子们讲什么，甚至用什么样的语言去讲等等，学校既没有专职的受过这类培训的老师教授，也无法设置专门的课时给学生们教授这一课程。

虽然各地也都在尝试着进行，但总会引来一片惊呼，一片哗然。中国青少年研究中心副主任孙云晓建议，性教育要从儿童需求出发，用科学、形象、具体、适宜的内容加以引导。这就需要更多有专门知识的、受过专业训练的教师。但目前这方面的教师培养还跟不上，亟须加强。

5. 缺少合适的教材

对于目前性教育的现状，教材缺乏是其中原因之一。婴幼儿的性教育，已经有一些从国外引进版的绘本和《性教育读本》等，供幼儿园老师和家长给孩子讲，但适合中小学生的性教育课本，目前似乎还没有看到。

其实，性教育并不只是告诉孩子"我从哪里来"，也不仅仅是简单地教给儿童认识生殖器官的结构和功能。事实上，性教育包括性心理、生理、伦理道德和法理等方面的教育。

我们对儿童进行性教育的目的是：引导他们对自己的认识

和接纳；对他人的了解和尊重；对交友、恋爱、婚姻、家庭、养育子女的理解和责任；对性传播疾病、性侵犯的预防和应对等等。全面的性教育是让儿童在适当的年龄学习相关的性知识，树立正确的性态度和道德观念，培养自己的自我感知能力、自我控制能力、社会感知能力、与人沟通能力等，以在社会中充分发挥自己伴侣、父母、社区公民等不同角色的作用。

四 养不教，父母过

——父母是孩子最好的老师

　　13 岁的男孩松松是一名初中一年级的学生，成绩很好。妈妈为了让儿子把英语的基础打牢，特意为他请了一名女大学生做家教，进行一对一的辅导。每个周六周日上午，辅导老师来家里，给松松补课。

　　一天，妈妈出去买菜，补课结束后，英语老师去了卫生间，准备一会儿返回学校。突然，辅导老师听到门外似乎有动静，她一抬头，发现门缝里有一双眼睛正在盯着她，她吓了一大跳，忍不住尖叫起来。原来，松松抑制不住好奇与冲动，从门缝偷看老师小便。

年轻的女老师又气又怒，急忙走出卫生间，大骂松松是流氓，并说要将这件事报告松松所读学校的老师。

　　正在闹得不可开交的时候，松松的妈妈回来了，她了解情况后，也大骂了松松一顿。松松低着头，脸上红一阵白一阵，一句话也说不出来，他恨不能找一条地缝钻进去。妈妈骂过松松，又不停地给辅导老师道歉，请求老师从保护孩子的角度出发，看在她的面子上，能够原谅松松。辅导老师最终答应不再追究这件事儿，但以后不再来给松松上课。

　　这件事过后，松松整个人开始变了。他在网上看色情网站，上课经常打瞌睡或走神，完不成作业。他原来优异的成绩现在呈直线下滑状态。班主任老师发现了松松的变化，找松松谈话。

　　起初，任凭老师说什么，问什么，松松只是低着头，闭紧嘴巴不说话。后来在班主任多次耐心地谈话后，松松终于向班主任敞开了心扉。他吞吞吐吐地告诉老师，他就是想看看女人的性器官与男人有什么不一样，好奇女人没有鸡鸡怎样小便，所以他才会偷看辅导老师。

班主任老师又和松松妈妈沟通，从妈妈那里老师了解到：爸爸妈妈在他2岁的时候离婚了，松松一直跟着妈妈生活，妈妈把所有希望都寄托在儿子身上，对松松各方面要求都很严格，甚至为了儿子，也不再结婚。松松3岁时，一次曾经因为偷看过妈妈洗澡，被妈妈打了一巴掌，还严厉地训了一顿。妈妈认为男孩看过女人的身体，容易学坏。对于松松提出的性问题，妈妈闪烁其词，也一概不正面回答，妈妈一直认为自己在这方面对孩子的严格要求，是正确的。

班主任告诉松松的妈妈：如果孩子在幼儿期，了解成人身体的欲望被制止，这个被压制的欲望会在青春期再度出现，青春期孩子偷看成人上洗手间与3岁的幼儿偷看的性质就完全不一样了。松松妈妈这才意识到，自己在对儿子的性教育方面出现了严重的缺口，她急忙买了一些关于青春期的书，放在了儿子的床头，极力想给孩子补上性教育这一课。

　　爸爸妈妈是孩子的第一任老师，如何让孩子对性有一个科学的认识，不仅是学校老师和社会的责任，家长也要负起监护和教育的责任。上例中松松妈在教育松松的过程中，有不可取的地方，小时候压制了松松了解人体的欲望，起到了适得其反的效果。家长对孩子严格要求的同时，也要多关心孩子，做好孩子的监护人：

　　1. 留心替你照顾和看护孩子的人。

　　2. 知道自己的孩子在哪儿，与谁在一起，做什么事情，如果孩子在外面过夜更要特别留心；不要让幼小的孩子一个人去上学或外出活动，如果为了锻炼孩子的能力，家长不妨悄悄跟随孩子。

　　3. 学会倾听孩子的话，留意孩子的行为举止，如果孩子说：我不想学某某课，我不想跟某个叔叔玩，并有反常的举动，一定要耐心询问孩子原因。

　　4. 经常与孩子做一些如何保护自己的游戏，教给孩子遇到侵害怎样安全自救的常识，锻炼孩子提高应付问题和处理问题的能力。

5. 如果有一天，孩子告诉爸爸妈妈，他被性侵犯了，爸爸妈妈一定要冷静，不要大吵大闹埋怨孩子，要注意孩子的情绪变化，告诉孩子：这不是你的错，别怕，爸爸妈妈会保护好你的！避免孩子受到二次伤害。

有些父母觉得把性侵犯的一些事例讲给孩子听，是很残酷的，容易造成孩子的恐慌；还有的父母本身也没有受过这方面的系统教育，不知道怎么给孩子讲，怎么把握好尺度。我们绝大部分人在婴幼儿时期，最依赖和最信任的人，就是自己的爸爸妈妈。所以，这就需要爸爸妈妈相互配合，做到以下几个方面：

1. 从思想上认识一致，行动上互相配合，一定要转变谈性色变的观念，给孩子一定要传授科学的性知识，包括人的器官和生殖系统、人的性发育、怎样防止性疾病的传播、性道德的重要性等等。

语言要简洁直接，不要含糊其辞、躲躲闪闪，这样会加重孩子对性的神秘感和好奇心，要让孩子感觉到谈论性就像谈论眼睛、鼻子一样自然。如果家长确实不知道该怎么回答，也别着急教孩子，建议不妨多读一些有关儿童性教育的书籍，先给自己"充电"。

2. 帮助孩子树立自我保护意识。现在，越来越多的孩子受到性侵犯，或出现"性错"，大多都是因为不知道如何保护自己。有的家长认为小孩子应该单纯一些好，但是单纯不等同于无知，性知识不是怪兽，不会吞噬掉孩子的单纯，相反，它会告诉孩子怎样躲避危险，以及出现失误后应该怎么面对，向谁求助。父母要时常鼓励孩子表达自己的感受，让孩子知道正常关爱的接触，以区别侵犯性的触摸。

3. 性教育是一个持续过程，要与性生理发育同步，因为性心理发育主要决定于性生理发育。所以，父母要有足够的耐心，时刻关注孩子的生理、心理、行为及情感的变化，能够和孩子及时沟通，做一个好听众，孩子随时能向父母敞开他的内心世界，父母才能帮助孩子在不同年龄段遇到的不解和困惑。

4. 父母谈论怀孕、生死或月经之类的话题时，没有必要避开孩子，父母可以用自然、坦率、诚恳的态度回答孩子提出的问题，使他不觉得"性"是需要避讳的；"身传"重于"言教"，父母可以用相爱的态度，让孩子知道爱情与婚姻的美好，这就需要有一个良好的家庭氛围。儿童性侵犯问题与问题家庭有着潜在的关系，和谐的婚姻关系和亲子关系有助于减少儿童性侵犯事件的发生。

我们提到性教育的时候，不可忽视性道德的教育。现在，一些女孩儿男孩儿盲目崇拜西方的"性解放"、"性自由"，对性问题很随意，不考虑后果的严重性，只贪图满足一时的虚荣心或好奇心，以致出现十二三岁的未婚妈妈。医学研究表明，人在 23 ~ 25 岁，才能达到生理成熟。如果过早生育，自己身体还没有发育成熟，会严重影响自己的发育和健康，还会影响到自己一生的幸福，同时也会影响下一代的健康成长。

一个人的性道德包括：羞耻感，义务感，责任感，良心感，公德感及贞洁感。一个洁身自好的有教养的人就像一缕清新的风，自然会得到大家的喜爱。性道德除了法律约束之外，还需要和谐的家庭氛围、正确的社会舆论导向和创造纯净的小环境等。

和谐的家庭氛围，爸爸妈妈要做好榜样。爸爸妈妈可以在孩子面前亲亲抱抱，说点甜蜜的话，让孩子感到爸爸妈妈的美好与亲密，但要适度，不要超越亲密的底线。属于夫妻二人的更深层次的私密举动，是应该严格避开孩子的。因为孩子还非常缺乏正确的判断力，只能通过观察大人的行为来逐渐形成自己的行为准则和道德观念。和谐的夫妻关系对孩子健康的性道德形成有很重要的关系。

性道德教育需要社会舆论的支持。国家应该利用新闻媒体和网络信息等平台，提倡和发扬符合中华民族优良传统的性道德行为，对违反性道德的行为必须批评和惩戒。

依靠法律的力量，给儿童创造一个没有性污染的小环境；禁止出版色情淫秽出版物，提防网络、游

戏等对青少年的色情诱惑，尽可能地避免对儿童的性刺激；推行健康文明的性教育，重视在儿童的学校进行性健康教育。

转移儿童对性问题的关注，引导他们把兴趣点转移到学习或娱乐活动中来。老师和家长要教孩子学会性保护，对自己、对他人负责。我国特定的社会文化背景对人们性行为的基本要求有三点：首先性行为必须以合法婚姻为基础，才能受到法律的保护，也合乎性道德标准。没有结婚的性行为都是不合法的，不道德的。其次，性行为必须建立在爱的基础上。性行为不仅是生理上的满足，同时也是精神上的满足。只有建立在爱的基础上，双方自愿，才是高尚的、道德的。第三，性行为发生后，双方必须为所产生的后果负责：一是为对方负责；二是要为社会负责，要符合社会规范，有益于社会风化；三是为对方的健康和下一代的成长负责。

第二章

男孩儿女孩儿要设防

警惕性侵犯

一是尴尬，是无奈

——少年儿童性侵犯的现状

在网上读到《华西都市报》的一篇文章，大意是：凉山州冕宁县新兴乡耳子厂村，是一个偏僻的小山村。罗女士在冕宁县城打零工，丈夫在服刑，他们4岁的女儿形形，只好交给爷爷奶奶照顾。

2013年7月25日上午，66岁的邻居宗某来她家看电视，形形的爷爷奶奶出去了，留形形一个人在家。宗某进屋，见家里就形形一个人，将形形抱在怀里，不安分的宗某将手指插入了形形的下体……

傍晚，形形对奶奶说下身疼，奶奶看孩子阴部红肿，以为是上火了,用淡盐水为彤彤清洗了一遍。隔了一天,到 27 日,彤彤抱着肚子,哭着嚷肚子疼,爷爷奶奶急忙带她到卫生院去检查,医生发现彤彤处女膜破裂,伤口感染。奶奶听到这消息特别吃惊,这才问起彤彤原因。彤彤说宗某用手指捅她的下体。一家人很愤怒,亲戚去报了案。在县城打工的罗女士接到电话,也慌忙赶回家中。

随后,彤彤开始发高烧,被送到冕宁县医院。3 天过去了,彤彤用药后依旧高烧不退,随后被转院送往西昌。4 天后,一度生命垂危的彤彤被送到了华西妇女儿童医院。由于严重的细菌感染,引发了一系列的病情,腹膜炎、盆腔积液等多器官功能衰竭,后来又发展成为败血症,彤彤最高烧到 40.3℃。陪着彤彤身边的姑姑忍不住落下泪来,不知道孩子能不能挺过这一关。

转院后,每天上午 9 点多开始打点滴,一直要持续到凌晨 2 点。在这样高强度的治疗下,直到第 7 天了,彤彤的病情才得到控制。"现在有胃肠功能衰竭的现象,下体还有红肿。"医生说。

在接到报警后，当地派出所就将宗某控制。按照辈分来算，彤彤还喊宗某"祖祖"，平时彤彤家还经常给宗某家送点肉、米等食物过去，两家关系处的不错。据了解，宗某曾当过民办教师、赤脚医生，1973年因家庭暴力，妻子和女儿离开了他。从此他一个人生活。

宗某对自己的行为供认不讳，已被批捕。

除了这起案件外，近几年来，接二连三有儿童性侵犯事件被媒体曝出：安徽潜山小学校长杨启发性侵9名四年级以下女学生，海南万宁小学校长陈在鹏带4名女学生开房，广东湛江小学校长强奸11名女学生，北京6岁女童遭6旬门卫老汉性侵，贵州习水"嫖宿"幼女案，浙江临海"买处"案，浙江丽水女生遭强奸案……此类报道近年来在媒体上频繁曝光，尤其是2013年5月份之后到8月份，短短3个月，在网上曝出的性

侵犯案件就多达三四十起。我们痛心地感到，儿童性侵犯不再是一个陌生的词汇，它离我们并不远。

北京青少年法律援助与研究中心在对儿童性侵犯案件做调查时发现，性侵犯案件不容忽视，农村处于高发状态，尤其是像案例中的彤彤这样的留守儿童。"中少在线"网站曾经对6164名中小学生网友进行调查。调查结果显示，相当一部分被访中小学生网友对儿童性侵犯有误解。有33%的被访中小学生认为"性侵犯只会来源于异性"，有27%的被访中小学生认为"只有女生才会遭受性侵犯"，还有26%的被访中小学生认为"性侵犯只会来自陌生人"。

在我国，人们由于多年受传统文化的影响，性在人们心目中充满了神秘感和隐蔽性。性侵犯更是一个敏感的话题，让很多人觉得难以启齿。因此，儿童性侵犯事件即使发生了，也很少被及时揭露，尤其是家庭内发生的儿童性侵犯，因为面子、害怕等原因，受害人不愿意或不敢说出来，压抑在心里得不到倾诉，或者向家人倾诉了，不能得到正确的理解，或者没有有效地解决途径，最终变成受害人心中一个不为人知的痛。期望通过这本书，能够让孩子们了解什么是针对儿童的性侵犯。

联合国《儿童权利公约》所定义的儿童，是18岁以下。儿童性侵犯是指让孩子感到不舒服、不好的触摸和行为。这种行为包括：1 触摸或抚弄儿童身体敏感部位（如女孩的乳房或外阴部，男孩的外生殖器）；2 强迫或诱骗儿童触摸他（她）的隐私部位，在儿童面前暴露自己的生殖器或在儿童身上故意磨擦其性器官；3 利用儿童从事色情活动；4 对儿童进行言语上的挑逗，讲色情方面的故事或看一些黄色裸体照片、影视片；5 试图与少年儿童性交和强行与儿童性交（包括口交、阴道性交和肛交）。试图与儿童性交和强行与儿童性交属于最严重的性侵犯，是强奸。性侵犯已侵害到儿童的生命权、自由权和性自主权。

我国大多数专家学者从侵犯方式来定义，将儿童性侵犯界定为两个层次：一是接触性侵犯，包括抚摸、亲吻和生殖器接触及性交等；二是非接触性侵犯，如露阴、窥阴、观看色情影视片或图片、目睹成人性交等。从性侵犯的类型又可分为：一、家庭内的性侵犯，指发生在家庭成员之间的性侵犯，包括祖父母、父母、寄养父母、继父母以及叔叔伯伯或兄弟姐妹等等；二、家庭外的性侵犯，指侵犯者是非家庭成员，包括陌生人、邻居、朋友、同学或老师等等。从对儿童受侵犯的程度可分为：一、性骚扰，包括用暴力或非暴力的手段对儿童带性色彩的亲吻或抚摸儿童的大腿、臀部、乳房或生殖器官，以及非接触性的性活动；二、性侵害，包括用暴力或非暴力手段，强迫或哄骗儿童，与儿童进行性交、肛交或口交。

性骚扰也属于性侵犯的一种，只不过对受害人伤害的程度相对来说较轻，却是一个不容忽视的现象。性骚扰的对象主要是女孩儿，也有少数男孩儿遭遇性骚扰。

生活中，在电梯、市场、车站、公共汽车上、拥挤的人群中等特殊场合，易出现性骚扰者，尤其到了夏天，因为天气炎热，人们穿的衣服比较少，更是性骚扰多发的季节。害人

之心不可有，防人之心不可无。我们应该如何预防性骚扰呢？

1. 上学或出行，要选最安全的路径，避免夜归或走僻静的路，实在避免不了，提前告诉家长，让家长护送。

2. 避免单独与陌生男子一同乘电梯；进电梯后，应尽量站在靠近报警器的位置。

3. 相信自己的直觉，一旦发现有人心怀不轨，应立即躲避。

4. 外出要告诉家长，征得家长的同意再出去，要让家长知道自己所走的路线和行踪。

5. 如果一个人在家，有你不认识的人来叫门，要拒绝开门。

6. 尽量不单独与异性独处，更不要随便吃或喝他递过来的食物或饮料。

7. 要能够明确地用"不"来表达自己不愿意的态度。

8. 平时适当学习几招应急的防身术，例如，跆拳道、散打等，必要的时候该出手时就出手，善于运用随身物品(例如包、钥匙、雨伞或鞋等)作自卫武器。

9. 要学会自重自爱，穿衣打扮要得体，尤其是女孩儿，不要穿袒胸露背或超短裙等衣服去人群拥挤或僻静的地方。

10. 要有自我保护意识，学习并掌握一些安全自救方面的知识，以维护自身利益。

媒体或网络经常报道性骚扰事件的发生，致使一些家长特别紧张，孩子只要一离开家长的视线，家长的心就七上八下，坐卧不安。其实没有必要搞得这样"草木皆兵"，世界上还是好人多。

如果孩子不幸遇到性骚扰，该如何应对呢？

1. 在公共场所遇到性骚扰时，尤其在陌生的环境，若有陌生的男性搭讪，不要理睬；对性骚扰者的语言和行为应该态度明确地拒绝，让对方知道你很反感他，并立刻换个地方；如果发现对方尾随你，可报警，请求警察的帮助；如果对方不听劝阻，对你动手动脚，你要保持冷静，在确保自己生命安全的情况下，快而准地攻击对方的眼睛、耳朵、鼻子或下体，趁机逃跑。

2. 接到骚扰电话，对方会说"你猜猜我是谁？""你怎么忘了我？"、"你怎么会不认识我？"、"我好想你"等跟你闲聊，你应该用严正的语气告诉他："打错了电话！"如果他继续一而再、再而三地打电话，应该马上挂电话，不要理他；或者告诉他，你的电话装有录音设备；要及时把你的遭遇告诉父母、老师或朋友。如果对方纠缠不清，要到家里来，马上报警。

3. 如果有陌生人或熟人夸你长得漂亮，说喜欢你，并向你赠送礼物或展示与性有关的色情刊物，要学会拒绝，用坚定的语气向对方说："你很无聊,请你收回你的东西,不然我会报警。"并将事情及时告诉家人或朋友;消除贪小便宜的心理,不要轻易接受异性的邀请与馈赠。要记住一句话:"贪小便宜吃大亏。"

4. 如果在地铁、公交车上遇到"咸猪手"(性骚扰者),千万别不好意思说话,那样会无形中起到鼓励骚扰者的作用,他会得寸进尺;你可以大声斥责:"请把手拿开!",也可以不说话,狠狠拧对方的手一下,或者毫不客气地用脚使劲儿踩他的脚,以示警诫;如果有同伴,可以告诉同伴,引起大家的注意和愤慨,一起声讨骚扰者。骚扰者毕竟做贼心虚,一定会退缩的;对情节恶劣,警示无效的,可打 110,向警察求助。

《郑州晚报》曾经做过一次关于性骚扰问卷调查,参与的有 20000 人,竟然有 16000 多人遭受过性骚扰,达到 80% 以上。性骚扰确实是值得关注的一个问题。2005 年 6 月 26 日,十届全国人民代表大会第十六次会议在北京举行,性骚扰首次立法禁止性骚扰。这些条款通过后,在我们的立法方面将会填补一项空白。

二 树欲静，风不止

——防性侵犯教育的重要性

　　星期天，8 岁的晓云穿着白色的公主裙，打扮得漂漂亮亮，跟着妈妈来到舅舅家，那天是表哥的 13 岁生日。妈妈帮舅妈张罗午饭，晓云在客厅里和表哥玩。过了一会儿，舅妈让表哥到楼下的超市去买两瓶饮料。

　　表哥对晓云说："你跟我一起去买饮料吧！"

　　"好！"晓云想也没想，就答应了。

　　哪知道他俩一出家门，表哥就把晓云挤到楼梯一角，掀开她的裙子，并把手伸进了她的内裤里。晓云感到很害怕，使劲儿挣扎，推开了表哥，要回屋去找妈妈，被表哥一把拉住。"好了，不跟你闹了！走，我们买好吃的去！"表哥说着，冲她眨眨眼睛，然后拉着她来到楼下的超市。

表哥买了饮料，还讨好似的给晓云买了两袋零食，然后说说笑笑地带晓云回了家，又拿出他的ipad给晓云玩游戏。晓云玩得很开心，暂时忘记了表哥摸她的事情，和谁也没有说起刚才在门口发生的事儿。

吃过午饭，大人们围在一起打麻将牌。表哥拉着晓云来到他的房间，让晓云继续玩ipad。晓云坐在表哥的床上玩着，表哥轻轻扳她的肩膀，示意她躺下。晓云听话地躺在床上。表哥说："大人们都在一起玩，咱俩也玩游戏吧！"表哥说着，就拉下了她的内裤。晓云刚要喊，被表哥捂住了嘴巴："别嚷，你要是喊叫，我就不让你玩ipad了！"

见晓云安静下来，表哥压到她身上。整个过程，晓云都很迷惑，不知道表哥在干什么。

事后，表哥似乎也很害怕，他对晓云说："这件事只要你不对别人说，包括你的妈妈，你以后到我家来，我都会让你玩ipad的。"

晓云看看手里的 ipad，又看看表哥，犹豫了一下，最后竟然稀里糊涂地点点头。妈妈带她回家，晓云一路上也没有向妈妈说起这件事儿。

放暑假了，表哥来晓云家住了几天，他乘晓云的妈妈不在家的时候，再一次强暴了她。

晓云也感觉到表哥对她做的事儿不是好事儿，究竟告不告诉妈妈，她犹豫了好几天，怕被妈妈骂，还是决定隐瞒下来。只是之后再也不愿意单独和表哥在一起玩了，每次随妈妈到舅舅家或者表哥来她家，她都尽量躲着表哥。晓云不再穿裙子，即使在自己家里也不愿意穿，天气再热，她依旧捂着长裤子，这让妈妈很不理解。

直到晓云 20 岁的时候，在一个夏天的晚上，天气特别炎热，妈妈和晓云聊天，妈妈问晓云说："给你买了那么多漂亮裙子，你为什么非穿这长裤子呢？这么热的天，快换掉吧！"

晓云看着妈妈，欲言又止。后来，在妈妈的一再追问下，晓云才把压在心里十几年的事儿对妈妈说了。妈妈当时非常生气，责怪女儿为什么当时不对她讲，并说第二天要去找舅妈谈谈。谁知到了第二天，妈妈红着眼睛告诉晓云："这件事过了这么多年，说出去怪丢人的，大家又都是亲戚，我想了想还是忍了吧。咱们以后就忘记这件事儿，谁也不许再提了！"

晓云觉得又愤怒又困惑，却又无可奈何。后来，妈妈还是找机会把这件事告诉了舅妈。舅妈说儿子已经结婚，马上就要当爸爸了，提起来对谁都不好，哀求妈妈把这件事隐瞒下去。再往后，这件事就不了了之了。

　　儿童性侵犯是一个全球性的问题，它存在于世界各地，几乎每一个儿童都存在遭受性侵犯的危险。我国儿童人数众多，性教育相对封闭。最近，我们从各大媒体不难了解到，性侵犯低龄化现象越来越严重。如何遏制日益高发的性侵犯？众多专家学者纷纷提出对侵犯者严惩的具体办法。在严惩侵犯者的同时，必须还要注重防性侵犯教育。

　　就像上面提到的晓云一样，受到表哥的性侵犯后，还很茫然，不知道发生了什么。事后，怕被妈妈责骂，也讨厌再提起，竟然没有及时告诉妈妈，以致在暑假，又一次遭到表哥的性侵犯。这一案例印证了晓云防性侵犯知识缺乏，自我保护意识差；家长平时对事情的接纳态度容易急躁，与孩子的沟通不畅；同时也印证了无论是学校还是家庭在防性侵犯教育方面的缺失。

　　今天的社会，是一个信息满天飞的社会，"男女授受不亲"的传统观念已经不再可行，男孩儿女孩儿因为学习、工作等原因需要经常接触，所以，从小让孩子接受性教育，学习更多尊

重自己和别人的知识，掌握两性间如何交往，如何谈吐，甚至如何着装等技巧，让男生女生能够很自然地在一起学习、游戏，和谐相处，彼此相互尊重和理解，对防性侵犯有更多地了解，是很重要的。只有这样，在孩子成长过程中，性道德观念才会不断加强，发生不幸的几率自然就会减少，性传染疾病就会得到有效地避免和控制。

中国人民公安大学犯罪学系教授王大伟介绍，公安大学曾经对全国5800名中小学生作过一次问卷调查，结果显示，性侵犯案件的隐案率是1：7。也就是说，如果有一起性侵犯案件被揭露出来，就会有七起不为人所知。

儿童遭受性侵犯不愿意说出来，总结一下，有以下九个原因：

1. 儿童对性侵犯缺乏正确的认识，不能分辨自己遭受了性侵犯，不知道对人说。

2. 认为是自己的隐私，害羞，不想对人说。

3. 受到性侵犯人的威胁、恐吓，不敢对人说。

4. 儿童认为没有人会相信他，不愿对人说。

5. 侵犯人是儿童的亲人，担心说出实情会让家庭破裂而不愿说。

6. 侵犯者是儿童敬重的人，致使儿童不愿说。

7. 侵犯者哄骗儿童说这是属于两个人的秘密，不能告诉任何人，儿童相信侵犯者的话而不说。

8. 觉得自己做了错事情，担心受家长责骂或老师的惩罚，不敢说。

9. 侵犯者用糖果、玩具、金钱甚至特殊关照等诱骗儿童，儿童害怕说出性侵犯后会失去这一切。

性侵犯行为对儿童的危害不仅在于生理，更严重的会造成长期的心理问题。相关研究表明，遭受性侵的孩子会不同程度地表现出恐惧、焦虑、抑郁、自厌等症状，使其自我认知能力受到损伤，影响其学习、成长和人格发展，甚至持续影响到成年后的婚恋与家庭生活。

如何预防儿童遭受性侵犯？

1. 需要家长加强监护人的职责，对孩子的行踪家长要知道；从小对儿童进行防止性侵犯教育，提高儿童的法律意识和自我保护意识；

2. 希望教育部门尽快把儿童防性侵犯教育纳入课程，像西方国家那样，制定课程大纲，培训专任教师，对不同年级进行防性侵犯教育；

3. 让更多的人了解相关法律，了解对儿童进行性侵犯需要承担的严重的法律后果，对有不良企图的人起到震慑作用；

4. 发动社区的力量，普及安全教育知识，对儿童性侵犯问题实施监督和干预，对发生在社区内的儿童性侵犯及时向有关单位举报；

5. 尽快完善监督机制和建立举报网络，让儿童遇到性侵犯知道向谁求助，向哪儿求助。

只有有效预防儿童性侵犯案件的发生，才能让花一样的孩子们远离性侵犯，拥有一个幸福的童年，平安、健康、快乐地成长。

附：寻求帮助机构

如果你遇到心理问题、生理问题，或者法律问题时，你可以问学校老师、家长，也可以打电话问下面的组织机构：

1. 共青团中央全国少年工作委员会

   地　　址：北京市崇文区前门大街 10 号

   雏鹰热线：010-85212200

   时　　间：周六上午 9：00-12：00　下午：13：00-16：00

2. 青少年法律援助与研究中心

   青少年维权热线：010-63813995　　010-63835845

3. 北京协和医科大学基础医学院心理咨询部

   电话：010-65132928　010-65281604

   周一至周五　8：00-20：00

   周六：9：00-15：00

4. 北京第二医院少男少女门诊

   电话：010-66055495　010-65281604

   周一至周五 8：30-12：00　下午：13：00-17：00

   周六：9：00-15：00

5. 中青网心理生理网站

   http://vweb.cycnet.com/cms/2004/xlsnet

注：如果受到性侵犯时，你可以拨打 110。110 是全国统一的免费服务电话。但是，没有遇到紧急的事情，请不要随便拨打哦。

三 爱恶欲，人性具

——儿童性侵犯事件的成因

前几天，在网上读到一篇名为《女子趁午睡猥亵4岁男童，将其"小弟弟"亲红肿》的文章。文章的大意是：

小丁在市区经营着一家服装店，雇了小曼当营业员，帮忙照顾店里生意。小曼二十多岁，高高的个子，长得很漂亮。

小丁的儿子欢欢刚满4岁，有时会来店里玩。小曼很喜欢他，每次见到他，都要抱着搂着，还嘴对嘴地亲他。小丁不好说别的，只能一次次提醒她："这样多不卫生！"可小曼总是摆出一副满不在乎的样子，开玩笑说："没事儿，不就是把你儿子的初吻给夺走了吗？"小丁后来发现，小曼不仅对自己的儿子这样，有顾客带男孩子来店里，小曼对待男孩子也会像对待欢欢一样又搂又抱地亲嘴。小丁以为小曼就是喜欢小孩儿，才会有这样的举动，所以也就没有放在心上。

后来，服装店效益不好关门了，小丁改开一家网店，不再需要雇人了。于是小曼离开小丁，到一家公司上班，不过两人相处的关系很好，像姐妹一样经常往来。

有一天早饭后，小曼休息日，又来找小丁玩，恰好小丁说她要回家看欢欢，小曼就要求和她一起去，说自己也很长时间没见到欢欢了，很想他。小丁就答应了。

到了小丁家，小丁和小曼陪着欢欢玩。到了中午，小丁忙着收拾家务，小曼陪欢欢在卧室睡午觉。一直到傍晚她才离开小丁家。第二天，欢欢跟着奶奶玩，他一直说小鸡鸡疼。奶奶以为欢欢是上火，让他喝了一些凉茶，可欢欢的疼痛不但没有减轻，反而莫名其妙地发起烧来。欢欢因为身体不舒服，开始哭闹。

小丁回家后，奶奶对小丁说了欢欢的情况，小丁看到儿子的小鸡鸡又红又肿，耐心地询问欢欢。直到这时欢欢才说：昨天小曼阿姨趁他睡觉的时候，把他的裤子给脱掉了，还"吃"他的"小弟弟"。他被惊醒后，由于感到很害怕，不敢说话，也不敢动，就一直闭着眼睛装睡，任小曼阿姨摆弄，直到最后，小曼阿姨帮他把裤子穿好，他才继续睡觉。

小丁听完儿子的话，很是气愤，马上打电话报警，并带欢欢到医院做全面检查。

小曼被警方采取强制措施，受到应有的惩罚。

人一生下来，就会有喜欢、厌恶、欲望等情感，这是无可厚非的。案例中的小曼对四岁的小男孩实施性侵犯，可见，不仅小女孩儿需要警惕性侵犯，小男孩儿同样也要提高警惕。性侵犯者为什么屡屡选择对天真烂漫的儿童实施性侵犯？究其原因，大致有以下六点：

1. 儿童辨别是非的能力差。

（1）儿童年龄小，常常会把搂抱、亲吻、抚摸、抠摸等骚扰猥亵行为与友善行为混为一谈，缺乏对性的基本认识和基本生理常识，分不清亲密关系和侵害关系。

（2）缺乏警惕性和自我保护意识，侵犯者常常用玩具、零花钱、糖果等作为诱饵，哄骗儿童上当受骗；与上面提到的男童相比，其实女童更易受到性侵犯。

（3）儿童容易对人产生信赖，侵犯者常常用甜言蜜语，或威胁、恐吓等手段对儿童进行性侵犯。

2. 监护人疏忽，家庭儿童性教育缺失。

（1）家长错误地认为性是无师自通的事，孩子大了自然会知道，小时候没有必要讲给他听。

（2）家长不懂得如何去教育引导，导致孩子缺乏必要常识而受侵害。

（3）有些家庭由于对儿童的放任和忽略，没有履行好监护人的职责，把幼小儿童单独留在家中或让他（她）独自外出而遭受性侵犯。

（4）家庭成员之间的关系不和睦或错位，如重组家庭；或者家庭功能失去平衡，如母亲常年卧病在床等，孩子遭受性侵犯的危险系数会增大。

3. 学校对儿童性教育的缺失。

（1）性教育没有引起学校的足够重视。

（2）老师本身也没有接受过系统的性教育，不知道该怎样和孩子讲或讲什么。

（3）担心给学生讲授性知识，把握不好度，会导致孩子早熟。

（4）现有的性教育很笼统，不够科学。

4. 传统观念的影响，性侵犯意识不到位。

（1）长期以来，人们对儿童性侵犯问题缺乏全面的认识，许多传统观念存在偏差。比如：人们逗婴幼儿时，经常用手触摸男孩儿的小鸡鸡以取乐，实际这也是一种性侵犯。

（2）家人触摸儿童的私处也是一种性侵犯；即使一个儿童受到比他年长的人侵害时不感到痛苦，而觉得快乐，性侵犯行为依然成立。

（3）社会公众对儿童性侵犯的重视程度不够，还缺乏社会宣传和广泛的监督。

5. 性侵犯者人格不健全，心理变态。

（1）自私、冷漠、没有同理心。

（2）观念扭曲，把性侵犯合理化。

（3）情感错位，侵犯者把一些感觉误认为是性感觉。

（4）侵犯者有长期的自慰行为和与儿童性交的幻想。

（5）侵犯者苦闷、压力大，如失去性伴侣、经济负担重、失业。

（6）侵犯者有一定的人格缺陷，如胆怯、自卑、懦弱、自我控制能力低、易冲动等。

6. 相关法律保护不健全。

（1）我国对流氓、猥亵、强奸有具体的法律概念，但对性骚扰的法律概念还不完备。

（2）我国司法解释对 14~16 周岁的女孩子保护不力，对 14~18 周岁的性权利保护存在遗漏。

（3）对被侵害人的相关法律救济规定不完善。

制约侵害事件的发生，单凭道德的评判力量是不够的，最终还要依靠法律的严厉制裁，才能得到根治。

最后还有一点，就是随着社会的发展，手机、电脑网络越来越普遍，现在的孩子们接触他人的机会和途径不再像以前那样闭塞，各种各样的信息蜂拥而至，扰乱孩子们的视听，再加上正在生长发育的孩子对性的好奇和冲动，很容易被社会上的不法分子所利用。由于很多青少年分辨能力差，不能正确判断身边的人的好坏，又处于青春叛逆期，不肯完全听家长的话或者有话也不对家长说，使他们容易上当受骗，遭到不法分子的性侵犯。

四 遇性侵，要机智

——儿童性侵犯事件的分类

9岁的小女孩丽丽几年前随打工的父母从农村来到城里，父母在一家企业打工，她在一所小学里上学。

一天放学后，丽丽像往常一样，背着书包和几名同学一起说说笑笑回家。到了岔路口，她摆摆手和同学们说过再见，便和同学们分手了。为了早点回家，她没有走大路，而是拐进一条偏僻的小巷——她经常穿过这条小巷，走回她家租住的地方。她怎么也想不到，在她经过其中一家门口的时候，灾难降临了，那家的门突然开了，丽丽还没明白是怎么回事，就被一个男人伸手捂住嘴巴，拽进了一间屋子。

"不许吵，吵我就弄死你！"那个男人沙哑着嗓子，在她耳边恶狠狠地低声说着，拿起一把水果刀在她的眼前晃了晃。

丽丽的爸爸妈妈下班回家，看见丽丽还没回来，感到纳闷，平时都是丽丽先到家的。于是妈妈做饭，嘱咐爸爸出去在路上迎丽丽。爸爸一直走到学校，也没有看见丽丽的踪影，学校里已经锁门了。爸爸又回到家里，丽丽还是没回来，妈妈和爸爸慌了神，开始到处寻找，一直找到深夜，也没有女儿的任何消息。

"没准儿去了同学家！"爸爸的一句话像是安慰妈妈，又像是安慰他自己。

那一晚，丽丽遭到那个男子的多次性侵犯。她几

次想寻找机会逃走，可是那个男人对丽丽看得很紧，丽丽就是去趟卫生间，他也要跟着。

由于被多次蹂躏，丽丽的下体不断流血。天渐渐亮了，丽丽感觉自己可能有生命危险，担心歹徒会

杀人灭口，她故意装作乖巧地说："叔叔，我不会跑的。要是你不放心，你可以把我捆起来。"

那个男人看了看丽丽，见她一脸疲惫，随时都能睡着的样子，果然放松了对她的看管。他摆摆手说："你只要乖乖地听话就行。我出去买点吃的，一会儿就回来。"说完，那个男人锁上门子出去了。

听着脚步声渐渐消失后，丽丽立刻穿好衣服。她推了推窗户，窗户竟然被推开了，她从窗户跳下来，忍着下体的疼痛，沿着小巷逃回家。妈妈正红着眼睛守在电话机旁，听见门响，急忙迎出来，看到丽丽扶着墙站在门口，脸色苍白，裤子上全是血迹。

妈妈急忙把丽丽扶进屋里，丽丽对爸爸妈妈讲述了事情的经过。爸爸妈妈既心疼女儿，又对犯罪人的行为感到愤怒，他们立刻报警。公安局刑侦大队根据丽丽描述犯罪嫌疑人的相貌特征和对犯罪嫌疑人的指认，抓住了犯罪嫌疑人刘某某。

30岁的刘某某有一个6岁的儿子跟着乡下的爷爷奶奶生活，妻子在儿子1岁的时候离家出走。刘某某也对自己的罪行供认不讳。

　　儿童在遭遇性侵犯时，一定不要盲目地大喊大叫，防止惹怒犯罪嫌疑人，生命安全受到威胁。要像上例中的丽丽一样，学会动脑筋，和犯罪嫌疑人斗智斗勇。在犯罪嫌疑人放松对你的监督后，寻找机会逃走或对过往的行人呼救。

　　女孩儿的性侵犯者一般都是男性，男孩儿的性侵犯者可能是女性也可能是男性，但是，女孩儿遭受性侵犯的几率远远要高于男孩儿。大多数男孩儿遭遇性侵犯都来自熟人，而侵犯女孩儿的有熟人也有陌生人，相对而言，陌生人的发生率高一些。综合国内外发生的一些性侵犯事件，性侵犯可分为四种类型：

　　1. 约会性侵犯。

　　侵害人与被侵害人的关系可能是初次约会或经常约会的男女、感情稳定的情侣。侵害人可能是在外游荡的人，约会男女通过网络认识，聊天、约会到某一方的住处或场地；也常见侵害人把迷药放入饮料或酒中，迷昏被侵害人，在对方失去抗拒力的情况下，对其实施性侵犯。也有的以强迫、恐吓等方式违反被侵害人的意愿。两者之间为相互认识或熟悉的关系。我国刑法第二百三十六条规定，只要行为接受者在与行为人发生性行为的过程中有"不愿意的意思表示"，行为人违反当事人自由的意愿还是让其发生，就已经构成强制性交和强制猥亵。

2．陌生人偶发性性侵犯。

这类侵害人经常待在公园、僻静人少的地方寻找单独外出的儿童，或尾随到适当的地点，对被侵害人进行性侵犯。性侵犯者凭借身强力壮，或用武器威胁恐吓，或用甜言蜜语哄骗引诱；一般情况下，性侵犯者通常使用暴力，导致被侵害人严重受伤或者死亡。性侵犯者和被侵害人两者并不认识，偶然发生，所以属于陌生人偶发性性侵犯。

3．对陌生人连续暴力性侵犯。

此类性侵犯者可能在住宅区或躲藏在楼梯间，伪装抄电表或水表、装修工人等，诱使缺乏安全常识的儿童开门。房门一旦打开，性侵犯嫌疑者闯进屋后，就会强行与被侵犯人发生性关系。这类犯罪嫌疑人一般会连续作案，有固定的犯罪手法和模式。

4．集体性侵犯。

指在一个性侵犯案件中，两个以上的性侵犯者对同一名被害人实施性侵犯，侵害人凭借人多，强行或用武器恐吓；或者两个以上的性侵犯者对两名以上的儿童进行性侵犯。

今天的少年儿童在性知识方面的认知相对于他们的爸爸妈妈来说，已经提高了很多，因为他们可以通过学校的性教育课和一些书刊报纸、电影电视、网络等不同途径了解到。但是，并不是所有的孩子都能正确认识。一般情况下，他们对儿童性侵犯的错误理解有：

1. 儿童性侵犯案件只发生在女孩儿身上，我是男孩儿，我不怕。

真相：性侵犯不仅仅发生在女孩儿身上，它也会发生在男孩儿身上。据调查，男孩儿有 3.0% ~ 15.1% 曾经历过身体接触性虐待。这类男孩儿容易出现抑郁情绪、自杀意念、吸烟饮酒，甚至卷入打架斗殴及婚前性行为。

因此，我们在关注女孩儿性侵犯问题的同时，也要重视男孩儿的性侵犯问题。目前，它是一个值得关注的社会问题。

2. 儿童侵犯者大多都是陌生人。

真相：儿童性侵犯者不只是陌生人，熟人性侵犯者占案件的80%左右，其中包括父母兄弟姐妹、继父母和老师、同学、邻居、亲戚、朋友以及父母的朋友等等，他们利用自己的身份、权势、地位和儿童的无知，以"爱抚""关照"为名，麻痹儿童，使儿童放松警惕，达到侵害儿童的目的。

3．儿童性侵犯者是社会地位低的人。

真相：儿童性侵犯者存在于社会各阶层、居住在各地区，与社会地位的高低无关，不分贫富，不分等级。他们有领导、老板、工头、老师等等，也有街头流浪者。

4．儿童性侵犯者都是男性。

真相：儿童性侵犯者男女都有，只不过男性所占比例较大。

5．儿童性侵犯者是心理或智力有障碍的人。

真相：只有少数儿童性侵犯者有心理障碍，他们受过一定刺激，心理扭曲，例如：恋童癖、暴露狂、偷窥狂、淫语癖、猥亵者等等；但大多数是正常人。

6．儿童性侵犯者的外貌让人一眼看上去就很猥琐。

真相：儿童性侵犯者的外貌不一定都很猥琐，他们的额头上没有贴着"我是坏人"的标签。有相当一部分看上去衣冠楚楚，道貌岸然，貌似比较有亲和力。所以儿童一定要有辨别好人和坏人的能力，不要以貌取人。

7. 儿童性侵犯者用暴力施行性侵犯。

真相：儿童性侵犯者有的使用暴力，有的用金钱、糖果或一些小礼物等哄骗儿童，甚至打着"爱"的幌子，用感情做挡箭牌，欺骗受害人上当。

8. 儿童性侵犯者肯定是夫妻关系不好或缺乏性关系的人。

真相：有的是夫妻关系不好，或者性关系缺乏的人，有的就是道德败坏，为了满足自己的欲望。

9. 受害人多是衣着暴露、行为不检点的女性。

真相：受害人只有少数是衣着暴露、行为不检点的女性，大多数是活泼可爱的女孩儿或者男孩儿。

10. 儿童性侵犯者只是为了发泄性欲。

真相：儿童性侵犯者不只是为了满足性欲，有的是为了满足

权力感，消除生活工作上的压力和挫折，是一种心灵上的扭曲。

11. 儿童性侵犯者都是成年人。

真相：儿童性侵犯者可能是成年人，也可能是年龄较大或相对比较成熟的其他儿童，他们相对于受侵害的儿童，在责任、义务和能力方面处于优势。

12. 有人认为"苍蝇不叮无缝的蛋"，一定是受害人行为不检点才被性侵害。

真相：受害人是无辜的，受害儿童被侵害，错误不在受害人。孩子受到性侵犯后，家长一定要告诉孩子这一点，让孩子重新找回自信。

第三章

学会保护自己

性侵犯与正常交往的区别

一 身体上，设"三八"

——部位篇

贝贝是一个6岁的小女孩儿，她在幼儿园读大班。

贝贝的爸爸工作很忙，经常在单位加班，接孩子的任务就落在妈妈一个人身上。幼儿园向家长承诺：园里实行晚接班制。晚六点到八点，由老师负责看管小孩，直到家长把孩子接走。因此，贝贝妈妈经常下班后先赶回家，急忙做好饭菜，然后在七点半到八点之前，赶到幼儿园把贝贝接回家。

但是，值班的老师急于回家，见大部分孩子都被家长接走了，就会把一两个晚走的孩子放在值班室，让门卫杜某帮忙照看。贝贝的妈妈赶到幼儿园接孩子，值班室里常常就剩下贝贝一个人由杜某帮忙照看。

一天，妈妈把贝贝从幼儿园接到家，发现平时唧唧喳喳很爱讲话的女儿抿着嘴巴，一句话也不说。

妈妈关心地问她："宝贝，今天在幼儿园里不开心吗？"

谁知妈妈的话刚落，贝贝竟抽抽搭搭哭起来。

妈妈轻轻拍拍女儿的背，柔声说："宝贝不哭，有什么事儿告诉妈妈，好吗？"

贝贝哼哼吱吱地说下身痒。妈妈当时也没太往心里去，认为孩子可能是上火了。等到晚饭后给贝贝洗澡时，妈妈发现贝贝的下身红肿得很厉害。

"这是怎么啦！"妈妈问贝贝。

起初，贝贝不肯讲。在妈妈的耐心询问下，贝贝才告诉妈妈：幼儿园的门卫用手摸她的下身，这种情况已经有好长一段时间，也有好多次了。

妈妈这才警觉起来，她想到有好多次她去接孩子，看到贝贝坐在门卫杜某的膝盖上，当时妈妈根本就没有多想，还向杜某表示感谢。

妈妈简直都不能相信是真的，门卫杜某是一位已经六十多岁的老头儿。又气又怒的妈妈立刻给贝贝的老师打通了电话。

老师马上把这件事向幼儿园园长做了汇报，园长当晚就对这件事展开调查。

妈妈当即带贝贝来到儿童医院。儿童医院出具的诊断证明显示，贝贝阴道红肿发炎，并有粘稠的分泌物，需住院观察治疗。

警方的伤情鉴定报告显示，贝贝伤情已构成轻微伤。门卫杜某因涉嫌犯罪，被昌平警方控制。

幼儿园的老师没尽到职责，没有直接把孩子交给家长，而是托付给门卫代管；加上园门口没有监控设备，给了门卫杜某做坏事的机会。

案例中幼儿园有不可推卸的责任，但细想一下，贝贝的家长也有一定的责任，平时没有对女儿进行性教育和安全防范教育，以致贝贝多次受到性骚扰。有些不法分子和无耻之徒就是利用年幼孩子的纯洁无知进行犯罪活动，他们经常说一些孩子喜欢听的话哄骗孩子，用食物、小礼物引诱孩子，手法隐秘，让孩子很难辨别什么样的接触是正常接触，什么样的接触是非正常接触，更没法向家长说清楚自己是不是受到了侵害。

上海理工大学附属小学上了一节公开课——《身体的红绿灯》，他们通过图片展示和互动游戏，让孩子比较直观地看到人的身体，教育孩子们做到"我的身体我做主"，让孩子懂得哪些部位是身体上的"绿灯区"，可以让别人随便触碰，哪些部位是身体上的"红灯区"，不能随便让别人触碰。儿童只有正确认识了自己的身体，才能知道隐私与自我保护的重要，画出身体上的"三八线"。

1. 对于背心、裤衩覆盖的胸部、阴部、臀部等部位，不要随便让任何人摸或看，这里说的任何人，包括爸爸妈妈、爷爷奶奶、姥姥姥爷以及爸爸妈妈的朋友、亲戚、同学的家长和老师等等，你也不能随便脱光衣服，裸露出自己的身体给别人看。当然，也不可以随便看或摸别人的隐私部位。尤其要警惕那些让你感觉不舒服的搂、抱等举动；

2. 如果遇到有人想摸你的隐私部位，或者用粗俗的语言或动作对你进行挑逗，你要明确地表达出自己的态度，毫不客气地拒绝对方；

3. 如果你生病去看医生，医生要检查你的隐私部位，必须要在家人的陪同下或者经过家人同意才能进行检查。

4. 如果有人摸了你的隐私部位，回家要及时告诉爸爸妈妈。不要像故事中的贝贝一样，在妈妈的一再追问下才说出来，以致自己的身体受伤。

5. 在日常生活中，家长或亲属不能随意谈论和摸弄你的生殖器，你要从小养成不随地大小便、不穿开裆裤的好习惯，学会从一些生活细节尊重和保护自己身体的隐私。

让孩子们明白不能暴露身体的某些生殖器官，这并不表示那些部位是可耻的，不能被人提及的，而是出于对个人隐私权的尊重。当然，拉手、摸头、触肩等应该属于正常接触，但是如果儿童对这些触摸确实感到不舒服，别人一定要相信并尊重他的感受，以减少身体不适给孩子带来的心理困扰。另外，儿童一定要学会保护自己，禁得住美食、礼物的诱惑。在这里，提醒少年儿童注意以下几点：

1. 不随便接受陌生人送的任何东西，不要轻易相信"我是你爸爸妈妈的好朋友"之类的话。如果有陌生人过来和你说话，可以明确告诉他，爸爸妈妈就在附近，把陌生人吓走。假如陌生人不肯走，要学会动脑筋，和陌生人周旋，然后寻找机会朝人多的地方跑，可以一边跑一边大声呼救，以引起他人的注意。值得提示的是，如果确切知道家里有人，可以朝家跑；如果不确定家里有没有人，就不要回家。

2. 和爸爸妈妈出去玩，不小心与爸爸妈妈走散，要保持冷静，不要哭，想想爸爸妈妈的电话和自己家的地址，向附近的警察叔叔或工作人员求助；另外，注意收听公共场合的广播，或许家长在通过广播找你。千万不要跟着不认识的"好心人"到人少的地方或他的家里去。

3. 不管是熟人还是陌生人，如果他搂住你，反复夸你漂亮，还说要送给你衣服或用品、食物，并一边说着，一边摸摸你的脸，拍拍你的小屁股，做出一些让你感到不舒服的举动，你千万要当心，不能相信他的话，要想办法逃离，以免受到性侵害。家长从小就要告诉孩子：不要轻易与陌生人在封闭的房间里独处，任何人都不能碰你的身体，也不要轻易暴露自己的隐私处，更不能让别人接触自己的隐私处。

4. 生命安全是第一位的，要尽量避免自己受伤害。如果遭遇了性侵犯，要记住坏人的样子，事后及时报警。

去年9月份，在北京亦庄实验小学开学典礼上，"童话大王"郑渊洁叔叔和中央电视台青少节目主持人鞠萍姐姐为小朋友们讲授"开学第一课"——如何防性侵犯。郑渊洁不愧是童话大王，他用生动的语言给孩子们讲道："孩子们，你们知道吗？这个

世界上有吸血鬼，他们会趁着爸爸妈妈不在的时候吸你的血……吸血鬼会把手放进你的衣服里，会摸你，找地方吸你们的血。如果遇到这种情况，我告诉你们两件法宝：第一，你要说一句话：'我还不满14岁，你想坐牢吗？'第二，遇到这种情况，马上告诉爸爸妈妈，

吸血鬼就会被抓走。"

当鞠萍姐姐扮演的袁猎猎（郑渊洁童话里的人物）试图"侵犯"小郑渊洁（郑渊洁扮演）时，台下的小朋友们兴致勃勃地齐声高喊："我还不满十四岁，你想坐牢吗？"

像这样寓教于乐，与孩子们互动的防性侵犯课，会让孩子们一下子记住，即使孩子们长大后，依旧会记忆犹新，从而达到教育的目的。

二 交往时，要警惕

——对象篇

2013 年 7 月 26 日，佳木斯市桦南县公安局接到报案：称其女儿胡伊萱于 24 日下午离家后与家人失去联系。警方随即展开调查，最后确定长兴村居民白某及其妻子谭某有重大作案嫌疑。28 日，警方将二人抓获。

7 月 24 日，17 岁的小萱打电话给朋友，要去给朋友送东西，两人约好了见面时间。由于离朋友的住处不远，小萱从她实习的医院出来后，准备步行去朋友那里。小萱走在路上，遇见孕妇谭某弯着腰抱着肚子停在路边。善良的小萱停下来问她哪儿不舒服，谭某告诉小萱说她肚子疼，央求小萱送她回家。小萱见孕妇大腹便便，就放松了戒备心理，一口答应下来，搀扶着谭某朝她指引的家走去。一路上，谭某和小萱东拉西扯不停地闲聊，小萱进门的时候，掏出手机看了一眼时间，见和朋友约定的时间到了，她担心朋友等得着急，还用手机给朋友发了一条微信："送一名孕妇阿姨，到她家了！"想不到，这句充满爱心的话竟成了小萱留在世上的最后信息。

谭某敲响家门后，谭某的丈夫白某迎出来，他看到小萱很漂亮，假装热情，非把小萱让进屋里，要小萱坐在沙发上休息一下。小萱本来想赶紧下楼，但是对方特别热情，年轻的小萱不好意思拒绝，就随他们夫妇进了屋。白某坐在沙发上和小萱聊了一会儿，起身从冰箱里拿出两瓶酸奶，一瓶是已经打开，一瓶是没有打开的，白某把那瓶打开的酸奶递给了小萱。小萱看了一眼酸奶，也没多想，接过酸奶就喝了下去，哪知道酸奶里被居心不良的白某和谭某掺下迷药，小萱喝下去不久，就迷迷糊糊地倒下去了。谭某帮着白某把小萱抬进卧室里，白某想对和他女儿年龄差不多的小萱实施强奸，谭某离开了卧室。但是当白某发现小萱来例假后，就停止了强奸，对晕迷的小萱进行猥亵。事后，白某担心小萱醒了，出去后报警，竟然对谭某说："杀了她吧，杀人灭口就没有后顾之忧了。"谭某没有说话，表示默认了。丧心病狂的白某用枕头捂住小萱的头部，小萱惊醒挣扎，谭某便上前按住小萱的手脚，直到小萱停止挣扎。他们把小萱闷死后，将她装进一只编织袋里，然后塞进蓝色的旅行箱，由白某扛到楼下。然后，二人用红色轿车把装小萱的旅行箱拉到小树林，悄悄掩埋了尸体。

谭某和白某自以为做的天衣无缝，然而法网恢恢，疏而不漏，办案人员根据街区的摄像头，查到小萱最后失踪的身影和谭某白某扛箱子下楼的一幕，通过调查分析，很快对白某谭某进行抓捕。他们夫妇对所犯罪行供认不讳。

其时，再过一个月，就是被害人小萱的18岁生日，可怜一个年轻的生命就这样消失在两双罪恶的手之下。

　　为了防止上当受骗，我们有必要学习安全自卫知识，不给恶人伤害你的机会。我们无法要求犯罪分子有正常人一样的心理和道德底线，我们能做的，只有提高警惕，遇到事情多长几个心眼儿，不轻易上坏人的当，让自己置身险境。

　　坏人的手法很多，有时候让我们防不胜防。在上面的案例中，孕妇谭某假装肚子疼，向小萱求助，热心善良的小萱立刻答应送她回家。"人之初，性本善。"善良和热心本没有错，但犯罪分子为了满足自己的私欲，常常会利用人们的善良，设下陷阱。

　　如果小萱选择下面方式中的任何一种方式帮助她：1可以帮她打电话叫她的家人过来；2可以帮她打电话向120急救中心求助；3可以只扶她到小区楼下拒绝上楼；4可以送她上楼不进屋；5可以进屋，见有陌生男人不和其聊天马上离开；6可以委婉地拒绝喝陌生男人递过来的饮料……很多的"可以"都能够阻止悲剧的发生。但如今，一切都不可挽回，小萱年轻的生命丧送在歹徒之手。小萱的事情告诉我们一个道理："害人之心不可有，防人之心不可无。"

当你一个人的时候，不管对方是同性还是异性，都不应该放松警惕，要有安全意识，不要随便跟陌生人走，无论对方有什么样的理由，更不要随便到陌生人家里去。除此之外，在与人交往中，还要注意把握以下几点：

不随便开玩笑。在交往过程中，如果对方是异性，言谈举止要得体，大方，不能毫无顾忌。如果谈话中涉及到男女间的一些敏感话题时，要尽量避开，及时转移话题；交往中的身体接触要把握好，不要过于拘谨，也不要过分随便。男女毕竟有别，有些话题只能在同性之间交谈，有些玩笑也只能在同性之间开，这些都需要注意。

要注意把握分寸。女同学和女同学可以手挽手走路，男同学和男同学可以勾肩搭背而行，以表示彼此友谊深厚，这些都是很正常的。但是如果对方是异性，再手拉手或勾肩搭背就让别人觉得你的举止很轻浮，而且也容易给对方造成一些不必要的误会，比如对方会以为你对他（她）有好感。男女之间的关系很微妙，所以交往的时候，一定要注意把握分寸。

不宜太冷淡。与人相处，过分的亲近会让人感觉不舒服，甚至反感；过于淡漠，又会让人觉得你自恃清高，不易让人接近，并且在一定程度上会使对方的自尊心感觉受到了伤害，误以为你看不起他（她）。所以言谈举止，做到自然、顺畅为最好。

不宜太活泼。有的儿童总是喜欢在客人的面前做出一些夸张的动作，甚至疯狂的举动，以吸引人们的注意，被称为"人来疯"。性格开朗是优点，但是需要把握一定的尺度，过分的多话或多动就会让人感到厌烦。

不宜太拘谨。与人接触，特别是与异性接触是一件很正常的事，要学会与人进行沟通，要像对待同性同学那样对待异性同学，要像建立同性关系那样建立异性关系，要像对待同性交往那样进行异性交往。该聊天就聊天，该合作就合作，不扭扭捏捏或推三阻四，在合理范围内大大方方地进行正常接触就行。

不宜太卖弄。有的人总

是在别人面前表现自己,越是人多,越喜欢口若悬河、夸夸其谈;或者是仗着自己家境不错,处处对人显示自己的阔气,这样自我卖弄的举动最容易引起别人的反感。所以与人交往要理智,注意自尊自爱。

　　无论是男孩儿还是女孩儿,一定要学会保护自己。要理解爸爸妈妈善意的提醒和约束,不要采用一些小计谋躲避爸爸妈妈的监护,那些幼稚的做法和想法会让自己的危险系数增大。要增强自己的自我保护意识,提高自己防范性侵犯的能力,主动约束自己的那些危险行为。要学会和爸爸妈妈沟通,发生了什么事情要及时告诉家长。要明白一个道理,爸爸妈妈是这个世界上最爱你的人。

三 偏僻地，不能去

——环境篇

　　梦梦是一个农村女孩子，在她 6 岁的时候，妈妈就抛下她离开了家。为了维持一家人的生活，爸爸到城里去打工，把梦梦交给了爷爷奶奶照顾。梦梦上中学后，被寄宿在学校，爸爸每月给她寄来两三百元生活费。为了节约开支，爸爸平时很少和女儿通电话，也很少回家，一年才能见女儿一两次。

　　今年爸爸十月一回家，17 岁的梦梦想到爸爸工作很辛苦，爷爷奶奶年纪越来越高，体弱多病，就对爸爸说她不想上学了，也想出去打工贴补家用。爸爸当时没同意。爸爸走后，过了一个月，梦梦还是悄悄办理了退学手续。她和爷爷奶奶打过招呼，身上揣着学校退回的 300 元钱来到汽车站，刚好看到有到城里的大巴，她就坐了上去。

车到城里，梦梦下车后，由于人生地不熟，面对人来车往，她一时不知道该往哪儿走，就坐到路边，想先休息一下再说。这时，一名四十岁左右的捡废品的男子走过来，看见梦梦一个人坐着发呆，就走到她面前跟她搭讪，问她要去哪儿。梦梦没有多想，老老实实地回答，她想找一家旅店住下，因为第一次来城里，不知道哪儿有便宜点的旅店。

这名男子对梦梦说："跟我走吧，我带你去坐公交车，坐两站地后，可找到便宜的旅店住。"

梦梦相信了那名男子的话，天真地以为自己遇到了热心人，她向那名男子道过谢，站起来跟着他走了。那名男子一边在前面走，一边和梦梦有一句没一句地闲聊，他以"穿过田畈走近路"为由，带着梦梦七走八走，沿着江边走到一条偏僻的土沟边，这时，他看看四周没人，突然一把将梦梦推倒在土沟里，扑了上去……

梦梦这时才明白自己上当了，她一边呼喊，一边使劲儿挣扎，最后奋力推开歹徒，爬起来想跑。那名男子急了，瞪起血红的眼睛，随手从地上搬起一块大石头，猛地砸向梦梦。

鲜血顿时顺着梦梦的脑袋流下来，梦梦晕倒在地上，歹徒趁机扒下了梦梦的衣服。强暴她后，歹徒匆忙逃离了现场。梦梦也不知躺了多久才被人发现，随后被送进医院。

警察经过取证、调查、分析，8天后，将歹徒抓获，歹徒曾因盗窃被行政拘留过5天，现在没有工作，四处流浪，平时以捡废品为生。被抓时，歹徒身上穿着一件破了多个口子的灰色上衣，脚穿解放鞋，皮肤黑黑的，浑身上下脏脏兮兮的。在警察的证据面前，他承认了自己对梦梦犯下的罪行。

歹徒被抓住了，等待他的将是法律的严惩。但是这件事对梦梦的刺激很大，出事后，她经常坐在一个地方发呆，几乎整天都不说一句话，也不愿意和人接触。爷爷奶奶和爸爸都特别着急，希望梦梦能够早一点走出阴影，重新开始生活。

　　梦梦如果不轻易相信歹徒的话，跟他来到行人稀少的土沟，就不会受到侵害了。现在，好多农村孩子的父母都在外地打工，没有时间照顾家中的孩子，那些孩子就像上面提到的梦梦一样，被爷爷奶奶等家中的老人照管。老人观念比较传统守旧，不愿意也不会和孩子讲性教育一类的知识，导致农村孩子自我保护意识不强，加上辨别是非的能力差，容易轻信别人，因而性侵犯案件屡屡发生。

　　在这类性侵犯的案件中，犯罪嫌疑人通常都是将受害者引诱或哄骗到一个偏僻的地方，或者在一个相对封闭的空间里，受害人在这样的环境中，即便大声呼救，一般情况下也得不到任何人的援助，犯罪嫌疑人的作案胆量在这种环境里也会无形中增大。

　　我们生存的社会环境远比我们的想象要复杂得多，为了保证儿童的自身安全，归纳出以下八点需要儿童们注意：

　　1. 无论你是男孩儿还是女孩儿，如果有陌生人（不管陌生人是同性还是异性）送给你礼物或食物，或者说出一些你爱听的话哄骗和要求你去什么好玩的地方，一定要认清楚，这是诱饵，不要轻易相信陌生人的话，不要接受陌生人给的东西，更不要随便跟着陌生人到任何地方去。

2. 如果你想出去玩，一定要告诉家长你去的地方，征求家长的同意。要随时与家长联系，未得到家长的许可，不可轻易在别人家夜宿。如果同龄人结伴出行，也一定要有同性的伙伴在一起。单独与异性交往，一定要注意时间、地点、场合的选择。夏天，是容易遭受性侵犯的季节。由于天气炎热，儿童户外活动较多，加上绿树成荫，罪犯作案后容易藏身或逃脱。尤其是女孩儿，身体裸露部分较多，对异性的刺激增强。夜晚，因为光线暗，是容易遭受性侵犯的时间。

3. 你外出时，应提前对周围的环境有多了解，尽量选择安全人多的路线行走，避开走荒僻和陌生的路线。僻静处所和公共场所，是容易遭受性侵犯的地方。这是因为，公共场所如教室、礼堂、舞池、溜冰场、游泳池、车站、码头、影院、宿舍、实验室等场所人多拥挤时，歹徒乘机袭击少年儿童；僻静之处如公园假山、树林深处、狭道小巷、楼顶晒台、没有路灯的街道楼边，未交付使用的建筑内，无人看管的电梯里，以及长久无人居住的小屋等，都是不安全的地方。

4. 进老师办公室时，要让老师办公室的门敞开。有的学校只注重升学率，把考试分数的高低作为评判一个教师好坏的标准，而忽视了对老师政治思想道德方面的教育，致使个别无德的老师利用学生对老师特殊的感情，对学生实施性侵犯。当你面对老师不合理的要求时，要敢于说不。据全国律师协会未成年人保护委员会副主任孔维钊介绍，在英国，规定教育从业人员不得与异性儿童单独相处，否则会被吊销执照，或受到其他更严厉的处罚。

5. 走在路上，要留心注意观察周围的动静，有陌生人过来搭讪，不要理会他，他自然会识趣地离开；如果遇到有人盯梢或纠缠，尽快向人多处靠拢，必要时，勇敢地大声呼救或报警。

6. 应该避免单独和男子在家里或是宁静、封闭的环境中会面，尤其是到男子家中。

7. 要结伴同行，尤其是年幼的女孩儿外出，一定要有家长的接送。

8. 独自在家时，注意锁门；拒绝给陌生人开门；发觉有陌生人进入，应果断大声呼救，或拨打电话110，向警方求救。

四 遇侵害，敢说"不"

——心理篇

　　11 岁的朵朵是一个漂亮的女孩子，她对人很有礼貌，左邻右舍都很喜欢她。特别是邻居谭爷爷，碰到朵朵，经常送好吃的给她。这让朵朵的爸爸妈妈很是过意不去，送茶叶和茶具等东西给谭爷爷，一来二去，两家的关系处得非常好。谭爷爷今年六十多岁，老伴前两年去世了，儿子在外地工作。

　　一天，朵朵的爸爸出差了，妈妈单位要加班，早晨送朵朵上学的路上，妈妈告诉朵朵："今天晚上妈妈要加班，晚一些回家。你晚饭去谭爷爷家吃吧，吃

完饭记得抓紧时间写作业哦，我回来后去谭爷爷那儿接你！"

"好的！"朵朵高兴地答应了。

随后妈妈打通了谭爷爷家的电话，说朵朵爸爸不在家，自己今晚要加班，想麻烦他晚上帮自己照顾一下朵朵。谭爷爷一口答应下来。

挂了电话，妈妈赞叹说："你谭爷爷真好，咱们真幸运，有一个这么好的邻居！"

放学后，朵朵一走出校门，就看见等在门口的谭爷爷。朵朵跑过去，谭爷爷拉着她的手，给她买了一支冰淇淋，然后一路上有说有笑，领着朵朵回到家。

谭爷爷给朵朵准备了可口的饭菜，朵朵吃得很高兴。吃完饭后，谭爷爷说："朵朵，我来收拾碗筷，你快去写作业吧！写完后咱俩做游戏，好不好？"

"好呀！"朵朵一听做游戏，非常愉快地答应了。

朵朵很快写完了作业，跑到正在客厅里看电视的谭爷爷身边，问："爷爷，我写完作业了，咱们开始做游戏吧！"

"好！"谭爷爷把朵朵带进卧室，说，"我得说一下游戏规则！"

朵朵着急做游戏，摇着谭爷爷的胳膊说："快说，什么规则！"

谭爷爷故意一脸神秘地说："规则是，一不准出卧室；二你怎么碰我，我不大喊大叫；我怎么碰你，你也不许大喊大叫；三今天的游戏就咱们俩知道，不许告诉任何人！"见朵朵眨巴着眼睛看着他，谭爷爷又补充说，"包括爸爸妈妈！"

"好的！"朵朵顾不上多想，就一口答应了。

谭爷爷用布先蒙上自己的眼睛，根据朵朵发出的声音摸着找朵朵；然后又蒙上朵朵的眼睛，让朵朵根据他的声音摸着找他，他故意让朵朵摸到他，趁机一把抱住朵朵，把朵朵放到床上，接着，他的手伸进了朵朵的内裤里。

"啊——，不！"朵朵大声叫起来，一只手死死地抓住裤子，同时另一只手抓下了眼睛上的布。吓得谭爷爷赶紧缩回了手。

"你违反游戏规则了！"谭爷爷讪笑着哄骗朵朵说，"游戏前咱们不是说好了，不能大喊大叫嘛，你怎么这么快就忘了！"

"我要回家，我不想玩游戏了！"朵朵说着，推开谭爷爷从床上跳下来就往外走。爸爸妈妈在朵朵小时候就告诉过朵朵，内衣内裤遮盖的地方不能让别人随便摸，那是自己的隐私处。

"别走呀，朵朵乖，听话！爷爷喜欢你！"谭爷爷说着，伸手搂住了朵朵，"再玩一会儿吧，妈妈还没回来呢！"

这让朵朵更感到不舒服了。"不，我要回家！"她嚷着，放开嗓门大哭起来，一边哭还一边喊："我不玩游戏了！我要回家，我找妈妈！"

谭爷爷赶紧拿出好吃的哄朵朵，可是朵朵依旧哭着，说什么也不在谭爷爷家里待了。谭爷爷害怕朵朵的哭闹声被四邻听见，没办法，只好打开门，带着朵朵到楼下等妈妈回来。

妈妈回来后，谢过谭爷爷，领朵朵回到家。朵朵告诉妈妈："谭爷爷不好，我再也不和他玩了！"

"怎么啦，谭爷爷没让你吃饱？"妈妈问道。

"不是，我和他做游戏时，他摸我屁股！" 朵朵撅着嘴巴说。

妈妈急忙耐心地询问女儿究竟怎么回事儿，朵朵把在谭爷爷家发生的事儿告诉了妈妈。妈妈的眉头舒展开了，夸奖朵朵说："宝贝，你好棒啊，知道怎么对付坏人了！对，以后再也不和他来往了。"

朵朵能够机智地从魔爪中逃出来，得益于爸爸妈妈平时对她的性教育和安全教育，妈妈在她刚懂事的时候，为她买来幼儿版的《性教育读本》和绘本讲给她听，告诉她："不让别人触摸你的隐私部位，包括腹部、臀部、大腿内侧，还有胸部和阴部。"当朵朵遇到谭某想图谋不轨时，她想起妈妈的话，勇敢地拒绝了谭某，大声说出"不"，致使谭某的企图没有得逞。

遭受性侵犯的儿童在性侵犯者面前明显处于弱势，他们因为缺少自我防范的意识，在遭遇性侵犯时，心理反应就是害怕、紧张、不安，侵犯者的搂抱、触摸或者说的话让儿童感到不舒服，儿童意识到侵犯行为是不好的、不正当的行为，于是表现出不同意的心理反抗，但是，由于受害者和侵犯者力量上的悬殊，反抗起不到多大的作用。在无能为力和紧急的状态下，儿童采用最普遍的应对方式——大哭大叫。因为做贼心虚，性侵犯者的行为害怕让别人看见或听见的，儿童的尖叫哭闹肯定会让他们神经紧张，惊慌失措，他们大多数会像上例中的谭某一样，停止侵犯行为。

需要特别叮嘱的是，如果是在教室、办公室、电影院、网吧等公共场合遭遇性侵犯，一定要大声尖叫；

摸清坏人的心理，树立正确的性观念，才能保证自身的安全：

1. 如果有人不合理地提出要看或触摸你背心、裤衩覆盖的地方，一定要立刻离开或者对外发出求救信号；

2. 任何人的任何行为，只要让你感到痛或不舒服，内心反感，就立刻反抗，即使是老师或其他有权威的人，也要敢于拒绝，大胆说"不"。

3. 如果遇到不怀好意的人要强行搂抱、亲吻你，要想办法躲避；遇到有人过来，一定要大声呼救，以寻求帮助。

4. 要学会识别危险信号。如果真的遇到性侵犯时，不要惊慌失措，要学会积极地开动脑筋想办法，尽量拖延时间，找出喝水、上厕所等理由骗过坏人，趁机会逃离（记住，老师和家长教育我们说"骗人不好"指的是"骗好人不好"，并不是指所有的人，骗坏人就是机智，值得表扬）。

5. 如果是在教室、办公室、电影院、网吧等公共场合遭遇性侵犯，一定要大声尖叫，歹徒在实施犯罪行为时，因为"做贼心虚"，多数都会神经紧张，你的尖叫也是对他停止邪恶行动的提醒；如果是在荒郊野外或偏僻无人的地方受到性侵犯，儿童一定要学会识别危险信号，察颜观色，以防自己的生命安全受到侵害。

我国著名的教育法学博士王大伟教给女孩子遭遇性侵犯时，要做到"四喊三不喊"："四喊"指：一，男朋友在的时候要喊；二，女友在的时候要喊；三，白天的时候，在上下班人流高峰的时候要喊；四，旁边有警察、军人的时候要喊。"三不喊"或者"三慎喊"是指天黑人少慎高喊，孤独无助慎高喊。直觉危险慎高喊，斗智斗勇智为先。喊和不喊以不伤害女孩子的身体为根本的标准。

秘密花园

遭遇性侵犯发生后怎么办

案例一

　　彤彤 9 岁的一天晚上，在睡梦中听见爸爸妈妈在吵架，而且吵得挺凶，随着"哗啦"一声摔东西的声音响过，接着又传来"嘭"的一声关卧室房门的声音，然后，家里平静下来。一会儿，彤彤迷迷糊糊觉得有人走进她的房间，并躺在了她的身边。从粗重的呼吸声她判断出，来人是爸爸。又过了一会儿，爸爸突然把她抱在怀里，开始抚摸她的私密部位。彤彤不敢吱声，闭着眼睛假装睡觉。

　　不久后的一天，彤彤放学回家，家里只有爸爸一个人，彤彤一问才知道，姥姥生病了，妈妈去照顾姥姥。吃过晚饭，形形写完作业去洗澡，没想到爸爸竟然跟了进来，他说要给形形搓背；妈妈在家的时候，每次形形洗澡，都是妈妈给她搓，所以形形也没多想，就答应了。哪知道爸爸替她搓着搓着，手就再一次伸向她的隐私部位，并哄骗她说那里脏，需要好好洗洗。当天晚上，爸爸睡在了形形的房间，强迫形形与他发生了性关系。事后哀求形形说：不要告诉妈妈，也不能告诉外人，不然妈妈会与他离婚，他会去坐牢的。

第二天，妈妈回来后，形形想把昨天的事情告诉妈妈，可是几次话到嘴边，又被她咽了下去，她害怕妈妈和爸爸会离婚，也不愿意看着爸爸去坐牢。形形心里特别纠结，她根本没有意识到，爸爸对她的行为是性侵犯。

爸爸提心吊胆地过了几天，家里一切看起来都很正常，他知道形形果然没有把这件事情告诉妈妈，他变得胆大起来。从此以后，只要妈妈不在家，他就会一次次强迫形形跟他发生性关系。

形形也曾多次反抗过，但爸爸恩威并重，有时候会哄她，给她钱，或买各种礼物送给她；有时候会恼怒地骂她，还会背地里对妻子说彤彤不听话。

彤彤的学习成绩开始下降，当她一个人独处的时候，她的眼前经常会浮现出爸爸强暴她的情景，她不知道憋在心里的话该对谁说，以前活泼的彤彤变得沉默了。她总觉得自己和其他同学不一样，因此她不喜欢和同学们一起说说笑笑，总是有意无意地躲开同学们独来独往。

彤彤13岁的时候，有一天，她发现自己的例假似乎两个月没来了。于是，她告诉了妈妈，妈妈带她到医院去做检查，检查结果让妈妈震惊：女儿竟然怀孕3个月了。在妈妈的一再追问下，彤彤终于说出了埋在心底4年的秘密。直到这时，彤彤才从妈妈那里知道，爸爸根本不是她的亲生父亲，而是她的养父。

妈妈带彤彤做完人流手术，回家与彤彤的养父大吵一架。彤彤的养父"诚恳"承认错误，并大献殷勤，施展各种手段哄彤彤妈妈和彤彤开心。是向警方报案，还是吞下这枚苦果，妈妈很矛盾。她在观察了彤彤的养父一段时间之后，抱着"家丑不可外扬"的想法，最终还是选择了沉默，让这件事成为家庭中的一个黑色秘密。

　　之后，妈妈一般外出都带上彤彤，尽量避免养父和彤彤单独相处，时不时给彤彤买新衣服，每天留出一段时间陪女儿聊天。彤彤也一天天变得开朗起来。彤彤的变化让妈妈感到很欣慰，家里短暂的宁静让妈妈放松了警惕。

　　半年后的一天，彤彤的养父再一次强迫彤彤与他发生性关系。这一次，彤彤告诉了妈妈，妈妈终于忍无可忍，向警方报了案。

　　彤彤妈妈听说彤彤被养父性侵犯后，没有像有的父母一样，责备受害者或者告诉更多的人，而是对彤彤给与了更多的关怀和体贴，让彤彤感受到妈妈的关心和爱护。但是，妈妈也有做的不当之处，她怀着"家丑不可外扬"的心理或碍于情面，采取隐忍的态度，没有及时报警，放弃了采用法律手段保护女儿

的权利，致使彤彤再一次受到侵害。这也是性侵儿童的行为之所以难以暴露的原因之一，还有一个原因就是受害人的年幼无知。第三个原因就是，一些单位出于自己声誉的考虑，对待已经发生的儿童性侵案件抱着一种"大事化小、小事化了"的麻木冷漠态度，采取"冷处理"，尽量把单位人员的犯罪后果隐瞒起来，忽视受害孩子的权益。这种处理方式，客观上起了变相纵容犯罪的作用。

儿童性侵犯问题存在于世界各国，受到全社会的普遍关注。越来越多的研究表明：儿童遭遇性侵犯后，会导致受害儿童的身体健康、心理问题、社会适应不良等一系列的问题。

一、对儿童身体的影响：1. 生殖器或肛门受到损害，瘀伤或出血，排尿或排便困难；2. 两腿内侧淤伤、红肿，走路或坐下有困难，异常分泌物增多；4. 生殖器疼痛或搔痒；5. 感染性病；6. 非预期怀孕；7. 肠胃不适，出现饮食问题——厌食或过量；8. 自慰次数频繁等等。

二、对儿童心理的影响：1. 感到恐惧，失去安全感；2. 抑郁，沮丧；3. 愤怒，充满敌意；4. 敏感，觉得羞愧，有罪恶感；5. 感到紧张，焦虑；6. 不合群，冷漠；7. 自责，低自尊；8. 情绪不稳定，起伏大。

三、对儿童行为上的影响：1.上课注意力不集中，学习成绩下降；2.强烈拒绝接受生殖器的检查；3.自杀倾向、自伤行为；4.药瘾、酒瘾 5.逃学；6.害怕某些特定的成人、害怕权威者；7.早熟的性游戏或性模仿；8.过度的性好奇、性举止、性攻击或不合年龄的性知识；9.穿着倾向男性化，不敢表露女性化特质；10.出现退化行为（如：尿床）等等。

受到性侵犯的儿童身体上的创伤可能很快就会愈合，但是心理的创伤需要很长一段时期才能慢慢愈合，整个家庭也会因此蒙上一层挥之不去的阴影。这时候，家庭对孩子的态度是很重要的：有的家长面对这样的事实，惊慌失措，首先自己就先被打垮，不断地把悲观绝望的情绪传递给孩子；有的家长认为"苍蝇不叮无缝的蛋"，把对犯罪分子的不满和愤怒发泄到孩子身上，不断地责骂和抱怨孩子；这两种做法都会使孩子感到无助、绝望，背上沉重的心理包袱，无疑等于雪上加霜，孩子的内心会更加痛苦。怎样让受害儿童尽早摆脱阴影，回归正常的生活，像其他孩子一样健康快乐地成长呢？这需要家庭的努力，也需要学校老师、心理专家和周围人的共同支持：

一、对受害儿童要尊重、理解和信任。

我们要给予受害儿童更多的关爱、抚慰和帮助，鼓励他们说出事实真相，及时阻止性侵犯的继续或再发生，解除他们心里的恐惧不安。家长要心平气和地倾听孩子的讲述，既不要惊慌，也不要暴跳如雷，更不要责骂、抱怨、喝斥和歧视孩子，过激的态度和言辞都会让孩子更加难受，无形中会使孩子受到二次伤害，导致孩子会破罐破摔。家长一定要向孩子表明态度："无论发生什么事儿，爸爸妈妈永远爱你。"除此之外，无论是亲友还是老师、同学，都应该给与孩子充分的尊重、理解和信任，鼓励他们重新树立自信心，让他们在宽松的氛围里，逐渐走出阴影，健康成长。

二、对受害儿童进行思想疏导。

大多数孩子受到伤害后，都会自责，认为"自己不是一个干净的孩子""不配让人爱了""感觉自己和别人不一样"，从而产生深深的自卑感，失去了追求美好未来的勇气。家长一定积极鼓励孩子，给孩子正能量，明确地告诉孩子："这件事的发生，不是你的错！"打消孩子内心的紧张和顾虑，并替孩子保守秘密，渐渐转变他们悲观的心理观念，唤回他们的自信，引导他们面对挫折和磨难，要敢于正视，从而使自己变得更加坚强。

三、寻求外援帮助。

当家长知道孩子受到性侵犯后，要及时报案，并提醒孩子保留证据，不要洗澡、换衣服等；如果怀疑孩子是在麻醉药物或酒精的影响下遭到性侵犯，让孩子在提供尿样之前最好不要小便，尽快带孩子到医院或法律医疗机构进行医学鉴定，请专业人士做出正确的判断。

儿童遭受性侵犯后，除了能够看得见的身体上的伤害，更严重的还有看不见的心灵上的伤害——做恶梦、没有安全感、充满敌意、觉得羞愧、不愿与人交往等，甚至影响到受害人长大之后的性取向。心理学的研究表明："年龄越小遭遇性强暴，心灵创伤就越深越大，有的甚至会危害其终生！"家长可以向专业心理咨询师求助，使孩子尽快摆脱恐惧、困惑和焦虑的负面情绪；或请心理专家对他们进行心理疏导，帮助他们修复"自我认识"，恢复"自我价值感"。

第五章

不得不说的那些事儿

案例分析

案例一

（《当代生活报》）在秀安路某公司工作的李先生，经常带4岁儿子小明到公司玩。2012年10月31日下午，李先生将小明带到公司后便忙了起来，让儿子独自玩耍。一会儿后，他看到隔壁公司的熟人冯某带着儿子走过来。冯某说刚带小明去自己办公室玩了，然后把小明交给李先生后离开。李先生顺口问了一声儿子刚才玩了什么，小明竟然说道："刚才叔叔带我玩睡觉游戏。"李先生意识到事情的严重性，赶紧带着孩子报警。11月1日，冯某因涉嫌猥亵儿童被西乡塘警方刑事拘留。（记者：陈强，通讯员：马俊、罗艳、姚绍鹏）

少年儿童防性侵犯安全读本·自护版

　　在儿童性侵案件中，有很大一部分是邻居、老师、亲属、爸爸妈妈的朋友、同事等熟人作案，几乎占性侵案件的60%以上。此案中的犯罪嫌疑人冯某，就是受害儿童小明爸爸的熟人。让小明爸爸没有想到的是，儿子小明竟受到冯某的性侵害。因此，家长如果将孩子委托给熟人照顾，一定事前要对熟人有相当地了解。另外，孩子也应该注意：如果有人要你跟他走，去哪儿玩，一定要事先告诉家长，征得家长的同意再去；不能一看招呼自己的是认识的人，就随便跟他走。

案例二

（搜狐教育）13 岁的兴仔（化名）喜欢通过 QQ 漂流瓶结交朋友，正是通过这种方式，他认识了比自己年长 30 岁的李军，李军和兴仔网聊一个月后，有一天正式在线下见面。2012 年初的一个周末，李军引诱兴仔到西门口广场的家中玩，他先让兴仔玩电子游戏，自己去洗澡，然后围着浴巾出来，将兴仔拉到卧室，对兴仔实施性侵犯。之后，给了兴仔 200 元钱。李军对兴仔的性侵犯持续了两三个月，期间，李曾多次给他买零食，每次性侵犯之后都直接给现金，先后给兴仔 800 多元。兴仔的爸爸发现儿子这个学期很多科的学习成绩从八十多分下降到二三十分，他开始怀疑有问题，一次跟踪到儿子与李军的"约会"，就及时向荔湾区金花街派出所报案。随后，广州警方将李军控制，并查明被侵犯的未成年人不止兴仔一人，至少有四名未成年人受到性侵犯。此外，李军的电脑QQ中还有多达160名13岁以下的男孩联系人。据了解，现年43岁的李军是广州市民政局民间组织管理局稽查处处长，他从2010年8月开始担任该职务。李军是一名单身汉，在诱惑其他男孩的时候，有的给现金，有的送苹果ipad,有的给一些大型超市的千元购物卡。(记者:伍君仪、谭秋明)

案例解析

　　上述案例告诉我们：不仅是女孩儿会遭遇性侵犯，男孩儿同样也会遭受性侵犯。案例中的犯罪嫌疑人李军以给现金、购物卡或送礼物等形式，诱骗男孩儿到他家，然后对男孩儿实施性侵犯。一般不法分子在实施作案前，都会以食物、玩具或去某个地方玩等为由，引诱儿童，达到自己的目的。所以，如果有人送你食物或玩具，在没有得到爸爸妈妈允许的情况下，不可以随便接收，要锻炼自己抵御诱惑的能力。网络是虚拟的，不要轻易相信网友的话，更不要出于好奇心，随便和网友约会，以保护自身安全，防止上当受骗。

案例三

（中国法院网）已年过六旬的被告人梁某华，平时少言寡语，性情孤僻，为满足自己某些心理上的性幻想，遂产生邪念，将"黑手"伸向稚弱的同村幼女，以给零花钱的手段引诱年仅 13 岁的懵懂少女与其发生性关系，最终事发，银铛入狱。2013 年 5 月 29 日，广西藤县人民法院一审以强奸罪判处被告人梁某华有期徒刑三年六个月。

梁某华时年 63 岁。2012 年 7 月的一天晚上 8 时许，梁某华见同村幼女梁某（1999 年出生）与其侄女在一起玩耍，顿时产生奸淫梁某的邪念，随后以给零花钱为诱饵，将梁某骗至其房间内对其实施了奸淫，事后付给梁某人民币20元。几天后的一个早上，梁某华又采取同样的手段，再次将梁某骗至房间内欲对其实施奸淫时，因其侄女在屋外喊梁某出来一起玩耍，致使奸淫行为未能得逞，之后梁某华付给梁某人民币10元。此事通过受害者家人报案，梁某华因涉嫌强奸罪被藤县公安机关刑事拘留。（记者：张明环、温雪燕、魏朝菊）

　　被告人梁某华以奸淫为目的，明知道梁某没有满十四周岁，还故意将其引诱到房间，并与其发生性关系。事件中无论梁某是否自愿，梁某华的行为都构成强奸罪，且奸淫未满十四周岁的幼女，根据《中华人民共和国刑法》第二百三十六条第一、二款、第二十三条、第六十七条第三款规定，应依法从重处罚，判处被告人梁某华有期徒刑三年零六个月。女孩儿梁某第一次受到性侵犯，没有提高警惕，再一次让梁某华以同样的手段骗进房间，说明梁某没有意识到自己遭受性侵犯，缺乏自我保护意识和安全常识。

案例㈣

（《北京晨报》）男子郑某谎称与 12 岁女孩美美（化名）交朋友，将她骗到自己的暂住地和亲戚家，多次进行诱奸。昨天（2012 年 3 月 29 日），记者获悉，西城检察院以强奸罪对郑某批准逮捕。

2011 年 7 月，美美趁着放暑假，来到北京看望父母。她的父母都在北京卖菜，他们每天忙于生意，没有时间多陪伴女儿。23 岁的郑某与美美的父母在同一个菜市场，做卖主食的生意。渐渐地，美美与郑某熟识了，双方互留了手机号码。后来，美美开学后回到老家继续念书。

在老家，美美与郑某继续保持着电话联系，郑某在电话里提出要和美美交朋友，并强烈要求美美来北京相见。美美欺骗奶奶说，学校要交校服钱300元。她拿到钱后，就来到了北京，找到了郑某。郑某悄悄将美美领回暂住地，强行与美美发生了关系。几天后，郑某担心美美父母发现此事，又将美美带回了河北亲戚家，继续奸淫。

2011年9月18日，美美父母得知女儿下落不明，他们遍寻女儿无果。后来，他们听菜市场的同行说，看到美美和郑某一起离开北京，就向警方报了案。2012年2月，郑某被抓获归案。（作者：武新）

案例解析

　　美美轻易相信被告人郑某，把自己的手机号留给他。郑某以"交朋友"为幌子，诱骗12岁女孩儿美美逃学，让她千里迢迢来找他。郑某强行与美美发生性关系后，又带美美躲藏到亲戚家。事发后，西城检察院以强奸罪对郑某批准逮捕。目前，在我国留守儿童是一个值得关注的社会群体。爸爸妈妈出外打工，把年幼的孩子留给老人照顾，老人无力监护孩子的一举一动，加上家长和学校平时对孩子缺乏性知识、性安全和自我保护方面的教育，致使12岁的美美受到侵害。

案例五

（搜狐教育）一个年仅 12 岁、刚读完小学五年级的女生吴小娟万万没想到，在这个期待许久的暑假，竟会遭一位 50 多岁的男人猥亵，让她的童年生活从此蒙上了阴影。昨天（2012 年 7 月 30 日），记者一行来到来到事发现场——金竹园村一间养猪场发现，该养猪厂已大门紧锁，受害者吴小娟已随母亲在昨天上午返回广州，而尚在家中的吴小娟外婆和两个小表哥则愤愤不平地向记者透露了事情的来龙去脉……

事情还得从雇佣童工种沉香说起。案件嫌疑人廖某材今年 50 多岁，是观珠镇政府农业办的一名职员，

由于长期在乡下挂点办公，便利用职业便利在金竹园村办了一处养猪场，还兼营沉香生意。今年（2012）7月11日，长期在广州居住的吴小娟随母亲回到家乡金竹园村看望年迈的外婆。当时，吴小娟的两位表哥和村里几个小孩子都在帮廖某材种沉香，种一盆就给1分钱。从小在城市长大的吴小娟觉得新鲜极了，便很快加入了这个行列。

廖某材的养猪厂离吴小娟外婆家约300米路程，每天都有七八个童工在帮忙种沉香。干活的第一天，吴小娟就赚了近10元，不禁乐滋滋的。到了第二天（7月20日）下午两点半，吴小娟的表哥们终于累得顶不住了，便对她说："我们回去了，你走吗？"吴小娟头也不抬地答："你们先走吧，我再干一会儿。"见吴小娟如此坚持，两个表哥便领了工钱离开了养猪场。这时，养猪场里，就只剩下吴小娟和廖某材。

当天下午四点半左右，吴小娟终于干完了活，便向廖某材要3元的工钱。令她没有想到的是，廖某材竟大方地给了她8元。给完钱后，廖某材又取来毛巾殷勤地帮她擦干净双手上的污泥，然后突然吻她的手！

年幼的吴小娟还未反应过来，就被廖某材一把抱进了养猪场那间小屋里的床上，对她的胸部又亲又摸，甚至将手伸进她的牛仔短裤里……那一刻，吴小娟才终于意识到了什么，情急之中，她努力挣脱对方的手，说："我妈妈在找我，我先回去了。"廖某材还不死心，他拉住她说："明天再来这里吧，我给你10元，不，给你50元，你什么活也不用干。"为了脱离险境，聪明的吴小娟便假装答应，然后逃出了养猪场……

　　回到家后，小娟打电话报警。警方带走廖某材，廖某材对于自己的行为，也供认不讳。（记者：黄明霞、陈兴海、周翔）

案例中，当两个表哥想回家时，小娟却种沉香种得正起劲，不想跟他们一起走。忙碌中她没有意识到，两个表哥一走，养猪场里就剩下了她和廖某材。无论是男孩儿还是女孩儿，在日常生活中，一定要提高警惕，增强自身安全防范意识，最好不要单独与异性共处在某一场所。最后，小娟机智地摆脱了廖某材的纠缠，没有因为他"10元""50元"的诱惑而上当，而是机智地选择了回家报警，使不法分子很快落网，这是值得称赞的地方。

案例六

　　（新华网）习水妇女袁荣会在县佳和市场非法经营旅社期间，与 14 岁的刘某及 15 岁的男友袁某认识。三人商议，由刘某和男友负责寻找女学生带到袁荣会家中进行卖淫，由袁荣会提供场所并联系嫖客。袁荣会按嫖资的 30％ 收取"卫生费"，剩余嫖资归刘某及其男友。

　　2007 年 10 月至 2008 年 7 月期间，刘某及其男友在下午放学或下晚自习期间守候在学校附近，采用打毒针、拍摄裸照散播等威胁手段将女学生李某、王某、罗某等 11 名女生带到袁荣会家中，由袁荣会先后联系嫖客前去嫖娼。女生中未满 14 周岁的幼女有 3 名。

2008 年 8 月 15 日，习水县公安局城西派出所接到一名女子报案，称其女儿被强奸。2008 年 10 月底，公安侦破案件，共抓获涉案违法犯罪嫌疑人员 21 人。其中，介绍容留妇女卖淫的犯罪嫌疑人袁荣会和 7 名嫖宿幼女犯罪嫌疑人（其中在职公职人员 5 名）被依法批准逮捕，刘某及其男友因未成年被公安机关依法进行少管，10 名嫖娼人员被治安处罚，1 名卖淫女被公安机关收教。

根据各被告人的犯罪事实、性质、情节和社会危害程度，依照《中华人民共和国刑法》的有关规定，以强迫卖淫罪判处被告人袁荣会无期徒刑；以嫖宿幼女罪分别判处被告人冯支洋有期徒刑 14 年，被告人陈村有期徒刑 12 年，被告人母明忠有期徒刑 10 年，被告人冯勇、李守明、黄永亮、陈孟然各有期徒刑 7 年。

（记者：黄勇、李忠将）

在本案例中，经营旅社的袁荣会提供场所，与14岁的辍学女孩儿刘某和其15岁的男友袁某共同联系嫖客，寻找女学生，强迫、组织其他未成年人提供色情服务，组织卖淫非法活动，致使11名女生受到性侵犯。其中包括未满14岁的幼女3名，社会影响极其恶劣，袁荣会明知自己的行为会发生危害社会的结果，依旧希望或者放任这种结果发生，因而构成犯罪。依照《中华人民共和国刑法》有关规定，袁荣会和涉案违法犯罪嫌疑人员分别被判刑，接受法律的严惩。

案例七

（《燕赵都市报》）2013年7月17日19时，天还没有完全黑，15岁的小敏刚刚吃过晚饭，对妈妈说要去村西同学家串门玩，然后一人来到村内小广场。原来，小敏最近在网上认识了一位叫"苗小帅"的网友，二人通过网聊，相互感觉很投机，相约在这里见面。小敏等了大约有20分钟，网友"苗小帅"来到了相约地点，但他不是一个人来的，和他一起的，还有另外5名男子，他们6个人骑着两辆摩托车，哗啦啦来到小敏面前。小敏感觉情况不对，扭头就往家的方向跑，这6名男子却凶狠地"掐她脖子、捂嘴"，强行将小敏拽上摩托车，将她带到离家约1000米左右的邻村的一条土路上，然后钻进了路边的玉米地。

6名男子不顾小敏的反抗，"按着她的头、胳膊、腿"，使小敏动弹不得，并威胁、殴打小敏，强行对小敏进行了性侵犯。6名男子对小敏实施性强暴持续了一个多小时，直到看到小敏昏迷不醒，6个人才扬

长而去。见6个人消失在夜色里，假装昏迷的小敏沿着玉米地往家爬，她的下体流血不止，因为害怕6名施暴者返回拦截，小敏不敢走大道。

晚22时30分左右，小敏的妈妈听到门外有微弱的敲门声，一开门被眼前的一幕惊呆了，她看到女儿趴在地上，浑身是血，下体还在不停地流血，妈妈急忙把小敏抱到了屋里。小敏看到自己的家人，再也坚持不住了，一下子昏迷了过去。家人立即拨打120，小敏被送往医院抢救。同时家人拨打110报警。

第二天晚20时，民警抓获了3名犯罪嫌疑人，对另外在逃的3名，已经进行了网上通缉。经过医生的

抢救，小敏脱离生命危险。出院后，她一直不敢出门，每到夜幕降临身边没有人的时候，小敏就会大喊大叫，情绪失控，家人只好把小敏送到医院进行心理疏导。（记者：陈正、赵晨光）

　　女孩儿小敏轻易地相信了网友，并与不太了解的网友约会，遭到集体性暴力和性侵犯。现在，随着网络和智能手机的普及，越来越多的人享受到了信息网络的便捷。网络的虚拟性满足了人们的好奇心，也拉近了天南地北的人与人之间的距离，无论见没见过面，无论在不在一个地区，都能通过看不见的网，与世界各地的人们畅快地相互聊天、视频。但是，网络有着很大的风险，尤其是对于辨别是非能力不强而好奇心特大的孩子来说，存在着一个潜在的隐患。此外，由于一些人接触了色情淫秽的不良信息，冲动之下选择对年龄较小、反抗能力差的未成年人实施性侵犯，一失足成千古恨，悔恨终生。

案例八

（红网长沙）2013 年 4 月 4 日上午，网友 "wang00000" 在红网论坛发了一篇题为《被强奸了，家人斥我是自愿的，还说家丑不能外扬》的帖子，称一名叫小婕（化名）的 15 岁女孩在放学途中被人强奸，事后向家人哭诉，却被斥责 "是自愿的"，并不允报警，称家丑不能外扬。对此，许多网友认为家长的做法不妥，也有人觉得家人的做法也是无奈之举。而教育工作者则认为，家长往孩子伤口上撒盐是缺少教育常识的表现。

发帖人自称是长沙市 12355 青少年成长服务台的一名普通员工，她于 3 月 16 日中午接到一名叫小婕（化名）的女孩的电话，小婕带着哭腔说"请你们帮帮我"，并接着说自己被人强奸。

她详细了解后得知：原来在 2007 年 12 月的一天，15 岁的小婕在放学回家的路上，因重感冒意识模糊，被人骗去某茶楼，后遭人强奸。清醒后的小婕在离开时牢牢记住了此茶楼的地理位置，准备回家后报警。

但令人万万没想到的是，家人听到小婕的哭诉后非但没有心生怜悯，反而对小婕严加指责。父亲竟还斥责小婕是自愿的，爷爷奶奶也认为不能报警，说"家丑不能外扬"。

万念俱灰的小婕从此自暴自弃，不愿上学也不愿回家，最后才拨通了长沙市 12355 青少年成长服务台的救助电话。（记者：彭玲玲、耿红仁）

　　小婕的家人在得知她受到性侵犯后，应该安慰她，告诉她这不是你的错，同时给予她更多地关心和爱护，帮助她尽快走出阴影，恢复正常的生活。而不是斥责她，更不应该说她"是自愿的"，让小婕原本受伤的心灵再一次遭到伤害，以致最后自暴自弃，破罐子破摔。还有，家人知道后，应该立即报警，让犯罪分子尽快归案伏法，而不是抱着"家丑不可外扬"的态度不了了之，让犯罪分子逍遥法外。

第六章

和性侵犯相关的

法律条文摘要

中华人民共和国未成年人保护法
（2006 年修订）

（1991 年 9 月 4 日第七届全国人民代表大会常务委员会第二十一次会议通过　2006 年 12 月 29 日第十届全国人民代表大会常务委员会第二十五次会议修订 2006 年 12 月 29 日中华人民共和国主席令第六十号公布自 2007 年 6 月 1 日起施行）

目　录

第一章　总则

第二章　家庭保护

第三章　学校保护

第四章　社会保护

第五章　司法保护

第六章　法律责任

第七章　附则

第一章　总则

第一条　为了保护未成年人的身心健康，保障未成年人的合法权益，促进未成年人在品德、智力、体质等方面全面发展，培养有理想、有道德、有文化、有纪律的社会主义建设者和接班人，根据宪法，制定本法。

第二条　本法所称未成年人是指未满十八周岁的公民。

第三条　未成年人享有生存权、发展权、受保护权、参与权等权利，国家根据未成年人身心发展特点给予特殊、优先保护，保障未成年人的合法权益不受侵犯。

未成年人享有受教育权，国家、社会、学校和家庭尊重和保障未成年人的受教育权。

未成年人不分性别、民族、种族、家庭财产状况、宗教信仰等，依法平等地享有权利。

第四条　国家、社会、学校和家庭对未成年人进行理想教育、道德教育、文化教育、纪律和法制教育，进行爱国主义、集体主义和社会主义的教育，提倡爱祖国、爱人民、爱劳动、爱科学、爱社会主义的公德，反对资本主义的、封建主义的和其他的腐朽思想的侵蚀。

第五条　保护未成年人的工作，应当遵循下列原则：

（一）尊重未成年人的人格尊严；

（二）适应未成年人身心发展的规律和特点；

（三）教育与保护相结合。

第六条　保护未成年人，是国家机关、武装力量、政党、社会团体、企业事业组织、城乡基层群众性自治组织、未成年人的监护人和其他成年公民的共同责任。

对侵犯未成年人合法权益的行为，任何组织和个人都有权予以劝阻、制止或者向有关部门提出检举或者控告。

国家、社会、学校和家庭应当教育和帮助未成年人维护自己的合法权益，增强自我保护的意识和能力，增强社会责任感。

第七条　中央和地方各级国家机关应当在各自的职责范围内做好未成年人保护工作。

国务院和地方各级人民政府领导有关部门做好未成年人保护工作；将未成年人保护工作纳入国民经济

和社会发展规划以及年度计划，相关经费纳入本级政府预算。

国务院和省、自治区、直辖市人民政府采取组织措施，协调有关部门做好未成年人保护工作。具体机构由国务院和省、自治区、直辖市人民政府规定。

第八条　共产主义青年团、妇女联合会、工会、青年联合会、学生联合会、少年先锋队以及其他有关社会团体，协助各级人民政府做好未成年人保护工作，维护未成年人的合法权益。

第九条　各级人民政府和有关部门对保护未成年人有显著成绩的组织和个人，给予表彰和奖励。

第二章　家庭保护

第十条　父母或者其他监护人应当创造良好、和睦的家庭环境，依法履行对未成年人的监护职责和抚养义务。

禁止对未成年人实施家庭暴力，禁止虐待、遗弃未成年人，禁止溺婴和其他残害婴儿的行为，不得歧视女性未成年人或者有残疾的未成年人。

第十一条　父母或者其他监护人应当关注未成年人的生理、心理状况和行为习惯，以健康的思想、良好的品行和适当的方法教育和影响未成年人，引导未成年人进行有益身心健康的活动，预防和制止未成年人吸烟、酗酒、流浪、沉迷网络以及赌博、吸毒、卖淫等行为。

第十二条　父母或者其他监护人应当学习家庭教育知识，正确履行监护职责，抚养教育未成年人。

有关国家机关和社会组织应当为未成年人的父母或者其他监护人提供家庭教育指导。

第十三条　父母或者其他监护人应当尊重未成年人受教育的权利，必须使适龄未成年人依法入学接受并完成义务教育，不得使接受义务教育的未成年人辍学。

第十四条　父母或者其他监护人应当根据未成年人的年龄和智力发展状况，在作出与未成年人权益有关的决定时告知其本人，并听取他们的意见。

第十五条　父母或者其他监护人不得允许或者迫使未成年人结婚，不得为未成年人订立婚约。

第十六条　父母因外出务工或者其他原因不能履

行对未成年人监护职责的，应当委托有监护能力的其他成年人代为监护。

第三章　学校保护

第十七条　学校应当全面贯彻国家的教育方针，实施素质教育，提高教育质量，注重培养未成年学生独立思考能力、创新能力和实践能力，促进未成年学生全面发展。

第十八条　学校应当尊重未成年学生受教育的权利，关心、爱护学生，对品行有缺点、学习有困难的学生，应当耐心教育、帮助，不得歧视，不得违反法律和国家规定开除未成年学生。

第十九条　学校应当根据未成年学生身心发展的特点，对他们进行社会生活指导、心理健康辅导和青春期教育。

第二十条　学校应当与未成年学生的父母或者其他监护人互相配合，保证未成年学生的睡眠、娱乐和体育锻炼时间，不得加重其学习负担。

第二十一条　学校、幼儿园、托儿所的教职员工应当尊重未成年人的人格尊严，不得对未成年人实施体罚、变相体罚或者其他侮辱人格尊严的行为。

第二十二条　学校、幼儿园、托儿所应当建立安全制度，加强对未成年人的安全教育，采取措施保障未成年人的人身安全。

学校、幼儿园、托儿所不得在危及未成年人人身安全、健康的校舍和其他设施、场所中进行教育教学活动。

学校、幼儿园安排未成年人参加集会、文化娱乐、社会实践等集体活动，应当有利于未成年人的健康成长，防止发生人身安全事故。

第二十三条　教育行政等部门和学校、幼儿园、托儿所应当根据需要，制定应对各种灾害、传染性疾病、食物中毒、意外伤害等突发事件的预案，配备相应设施并进行必要的演练，增强未成年人的自我保护意识和能力。

第二十四条　学校对未成年学生在校内或者本校组织的校外活动中发生人身伤害事故的，应当及时救护，妥善处理，并及时向有关主管部门报告。

第二十五条　对于在学校接受教育的有严重不良行为的未成年学生，学校和父母或者其他监护人应当互相配合加以管教；无力管教或者管教无效的，可以按照有关规定将其送专门学校继续接受教育。

依法设置专门学校的地方人民政府应当保障专门学校的办学条件，教育行政部门应当加强对专门学校的管理和指导，有关部门应当给予协助和配合。

专门学校应当对在校就读的未成年学生进行思想教育、文化教育、纪律和法制教育、劳动技术教育和职业教育。

专门学校的教职员工应当关心、爱护、尊重学生，不得歧视、厌弃。

第二十六条　幼儿园应当做好保育、教育工作，促进幼儿在体质、智力、品德等方面和谐发展。

第四章　社会保护

第二十七条　全社会应当树立尊重、保护、教育未成年人的良好风尚，关心、爱护未成年人。

国家鼓励社会团体、企业事业组织以及其他组织和个人，开展多种形式的有利于未成年人健康成长的社会活动。

第二十八条　各级人民政府应当保障未成年人受教育的权利，并采取措施保障家庭经济困难的、残疾的和流动人口中的未成年人等接受义务教育。

第二十九条　各级人民政府应当建立和改善适合未成年人文化生活需要的活动场所和设施，鼓励社会力量兴办适合未成年人的活动场所，并加强管理。

第三十条　爱国主义教育基地、图书馆、青少年宫、儿童活动中心应当对未成年人免费开放；博物馆、纪念馆、科技馆、展览馆、美术馆、文化馆以及影剧院、体育场馆、动物园、公园等场所，应当按照有关规定对未成年人免费或者优惠开放。

第三十一条　县级以上人民政府及其教育行政部门应当采取措施，鼓励和支持中小学校在节假日期间将文化体育设施对未成年人免费或者优惠开放。

社区中的公益性互联网上网服务设施，应当对未成年人免费或者优惠开放，为未成年人提供安全、健康的上网服务。

第三十二条　国家鼓励新闻、出版、信息产业、广播、电影、电视、文艺等单位和作家、艺术家、科学家以及其他公民，创作或者提供有利于未成年人健康成长的作品。出版、制作和传播专门以未成年人为对象的内容健康的图书、报刊、音像制品、电子出版物以及网络信息等，国家给予扶持。

国家鼓励科研机构和科技团体对未成年人开展科学知识普及活动。

第三十三条　国家采取措施，预防未成年人沉迷网络。

国家鼓励研究开发有利于未成年人健康成长的网络产品，推广用于阻止未成年人沉迷网络的新技术。

第三十四条　禁止任何组织、个人制作或者向未成年人出售、出租或者以其他方式传播淫秽、暴力、凶杀、恐怖、赌博等毒害未成年人的图书、报刊、音像制品、电子出版物以及网络信息等。

第三十五条　生产、销售用于未成年人的食品、药品、玩具、用具和游乐设施等，应当符合国家标准或者行业标准，不得有害于未成年人的安全和健康；

需要标明注意事项的，应当在显著位置标明。

第三十六条　中小学校园周边不得设置营业性歌舞娱乐场所、互联网上网服务营业场所等不适宜未成年人活动的场所。

营业性歌舞娱乐场所、互联网上网服务营业场所等不适宜未成年人活动的场所，不得允许未成年人进入，经营者应当在显著位置设置未成年人禁入标志；对难以判明是否已成年的，应当要求其出示身份证件。

第三十七条　禁止向未成年人出售烟酒，经营者应当在显著位置设置不向未成年人出售烟酒的标志；对难以判明是否已成年的，应当要求其出示身份证件。

任何人不得在中小学校、幼儿园、托儿所的教室、寝室、活动室和其他未成年人集中活动的场所吸烟、饮酒。

第三十八条　任何组织或者个人不得招用未满十六周岁的未成年人，国家另有规定的除外。

任何组织或者个人按照国家有关规定招用已满十六周岁未满十八周岁的未成年人的，应当执行国家在工种、劳动时间、劳动强度和保护措施等方面的规定，不得安排其从事过重、有毒、有害等危害未成年人身心健康的劳动或者危险作业。

第三十九条　任何组织或者个人不得披露未成年人的个人隐私。

对未成年人的信件、日记、电子邮件，任何组织或者个人不得隐匿、毁弃；除因追查犯罪的需要，由公安机关或者人民检察院依法进行检查，或者对无行为能力的未成年人的信件、日记、电子邮件由其父母或者其他监护人代为开拆、查阅外，任何组织或者个人不得开拆、查阅。

第四十条　学校、幼儿园、托儿所和公共场所发生突发事件时，应当优先救护未成年人。

第四十一条　禁止拐卖、绑架、虐待未成年人，禁止对未成年人实施性侵害。

禁止胁迫、诱骗、利用未成年人乞讨或者组织未成年人进行有害其身心健康的表演等活动。

第四十二条　公安机关应当采取有力措施，依法维护校园周边的治安和交通秩序，预防和制止侵害未成年人合法权益的违法犯罪行为。

任何组织或者个人不得扰乱教学秩序，不得侵占、破坏学校、幼儿园、托儿所的场地、房屋和设施。

第四十三条 县级以上人民政府及其民政部门应当根据需要设立救助场所，对流浪乞讨等生活无着未成年人实施救助，承担临时监护责任；公安部门或者其他有关部门应当护送流浪乞讨或者离家出走的未成年人到救助场所，由救助场所予以救助和妥善照顾，并及时通知其父母或者其他监护人领回。

对孤儿、无法查明其父母或者其他监护人的以及其他生活无着的未成年人，由民政部门设立的儿童福利机构收留抚养。

未成年人救助机构、儿童福利机构及其工作人员应当依法履行职责，不得虐待、歧视未成年人；不得在办理收留抚养工作中牟取利益。

第四十四条 卫生部门和学校应当对未成年人进行卫生保健和营养指导，提供必要的卫生保健条件，做好疾病预防工作。

卫生部门应当做好对儿童的预防接种工作，国家免疫规划项目的预防接种实行免费；积极防治儿童常见病、多发病，加强对传染病防治工作的监督管理，加强对幼儿园、托儿所卫生保健的业务指导和监督检查。

第四十五条 地方各级人民政府应当积极发展托幼事业，办好托儿所、幼儿园，支持社会组织和个人依法兴办哺乳室、托儿所、幼儿园。

各级人民政府和有关部门应当采取多种形式，培养和训练幼儿园、托儿所的保教人员，提高其职业道德素质和业务能力。

第四十六条 国家依法保护未成年人的智力成果和荣誉权不受侵犯。

第四十七条 未成年人已经完成规定年限的义务教育不再升学的，政府有关部门和社会团体、企业事业组织应当根据实际情况，对他们进行职业教育，为他们创造劳动就业条件。

第四十八条 居民委员会、村民委员会应当协助有关部门教育和挽救违法犯罪的未成年人，预防和制止侵害未成年人合法权益的违法犯罪行为。

第四十九条 未成年人的合法权益受到侵害的，被侵害人及其监护人或者其他组织和个人有权向有关部门投诉，有关部门应当依法及时处理。

第五章　司法保护

第五十条　公安机关、人民检察院、人民法院以及司法行政部门，应当依法履行职责，在司法活动中保护未成年人的合法权益。

第五十一条　未成年人的合法权益受到侵害，依法向人民法院提起诉讼的，人民法院应当依法及时审理，并适应未成年人生理、心理特点和健康成长的需要，保障未成年人的合法权益。

在司法活动中对需要法律援助或者司法救助的未成年人，法律援助机构或者人民法院应当给予帮助，依法为其提供法律援助或者司法救助。

第五十二条　人民法院审理继承案件，应当依法保护未成年人的继承权和受遗赠权。

人民法院审理离婚案件，涉及未成年子女抚养问题的，应当听取有表达意愿能力的未成年子女的意见，根据保障子女权益的原则和双方具体情况依法处理。

第五十三条　父母或者其他监护人不履行监护职

责或者侵害被监护的未成年人的合法权益，经教育不改的，人民法院可以根据有关人员或者有关单位的申请，撤销其监护人的资格，依法另行指定监护人。被撤销监护资格的父母应当依法继续负担抚养费用。

第五十四条　对违法犯罪的未成年人，实行教育、感化、挽救的方针，坚持教育为主、惩罚为辅的原则。

对违法犯罪的未成年人，应当依法从轻、减轻或者免除处罚。

第五十五条　公安机关、人民检察院、人民法院办理未成年人犯罪案件和涉及未成年人权益保护案件，应当照顾未成年人身心发展特点，尊重他们的人格尊严，保障他们的合法权益，并根据需要设立专门机构或者指定专人办理。

第五十六条　公安机关、人民检察院讯问未成年犯罪嫌疑人，询问未成年证人、被害人，应当通知监护人到场。

公安机关、人民检察院、人民法院办理未成年人遭受性侵害的刑事案件，应当保护被害人的名誉。

第五十七条　对羁押、服刑的未成年人，应当与成年人分别关押。

羁押、服刑的未成年人没有完成义务教育的，应当对其进行义务教育。

解除羁押、服刑期满的未成年人的复学、升学、就业不受歧视。

第五十八条　对未成年人犯罪案件，新闻报道、影视节目、公开出版物、网络等不得披露该未成年人的姓名、住所、照片、图像以及可能推断出该未成年人的资料。

第五十九条　对未成年人严重不良行为的矫治与犯罪行为的预防，依照预防未成年人犯罪法的规定执行。

第六章　法律责任

第六十条　违反本法规定，侵害未成年人的合法权益，其他法律、法规已规定行政处罚的，从其规定；造成人身财产损失或者其他损害的，依法承担民事责任；构成犯罪的，依法追究刑事责任。

第六十一条　国家机关及其工作人员不依法履行保护未成年人合法权益的责任，或者侵害未成年人合法权益，或者对提出申诉、控告、检举的人进行打击报复的，由其所在单位或者上级机关责令改正，对直接负责的主管人员和其他直接责任人员依法给予行政处分。

第六十二条　父母或者其他监护人不依法履行监护职责，或者侵害未成年人合法权益的，由其所在单位或者居民委员会、村民委员会予以劝诫、制止；构成违反治安管理行为的，由公安机关依法给予行政处罚。

第六十三条　学校、幼儿园、托儿所侵害未成年人合法权益的，由教育行政部门或者其他有关部门责令改正；情节严重的，对直接负责的主管人员和其他直接责任人员依法给予处分。

学校、幼儿园、托儿所教职员工对未成年人实施体罚、变相体罚或者其他侮辱人格行为的，由其所在单位或者上级机关责令改正；情节严重的，依法给予处分。

第六十四条　制作或者向未成年人出售、出租或者以其他方式传播淫秽、暴力、凶杀、恐怖、赌博等图书、报刊、音像制品、电子出版物以及网络信息等的，由主管部门责令改正，依法给予行政处罚。

第六十五条　生产、销售用于未成年人的食品、药品、玩具、用具和游乐设施不符合国家标准或者行业标准，或者没有在显著位置标明注意事项的，由主管部门责令改正，依法给予行政处罚。

第六十六条　在中小学校园周边设置营业性歌舞娱乐场所、互联网上网服务营业场所等不适宜未成年人活动的场所的，由主管部门予以关闭，依法给予行政处罚。

营业性歌舞娱乐场所、互联网上网服务营业场所等不适宜未成年人活动的场所允许未成年人进入，或者没有在显著位置设置未成年人禁入标志的，由主管部门责令改正，依法给予行政处罚。

第六十七条　向未成年人出售烟酒，或者没有在显著位置设置不向未成年人出售烟酒标志的，由主管部门责令改正，依法给予行政处罚。

第六十八条　非法招用未满十六周岁的未成年人，或者招用已满十六周岁的未成年人从事过重、有毒、有害等危害未成年人身心健康的劳动或者危险作业的，由劳动保障部门责令改正，处以罚款；情节严重的，由工商行政管理部门吊销营业执照。

第六十九条　侵犯未成年人隐私，构成违反治安管理行为的，由公安机关依法给予行政处罚。

第七十条　未成年人救助机构、儿童福利机构及其工作人员不依法履行对未成年人的救助保护职责，或者虐待、歧视未成年人，或者在办理收留抚养工作中牟取利益的，由主管部门责令改正，依法给予行政处分。

第七十一条　胁迫、诱骗、利用未成年人乞讨或者组织未成年人进行有害其身心健康的表演等活动的，由公安机关依法给予行政处罚。

第七章　附则

第七十二条　本法自 2007 年 6 月 1 日起施行。

全国人民代表大会常务委员会

《中华人民共和国刑法》
(2011年2月25日最新修正版刑法)

第四章《侵犯公民人身权利、民主权利罪》中规定：

强奸罪

第二百三十六条 以暴力、胁迫或者其他手段强奸妇女的，处三年以上十年以下有期徒刑。

奸淫不满十四周岁的幼女的，以强奸论，从重处罚。

强奸妇女、奸淫幼女，有下列情形之一的，处十年以上有期徒刑、无期徒刑或者死刑：

（一）强奸妇女、奸淫幼女情节恶劣的；

（二）强奸妇女、奸淫幼女多人的；

（三）在公共场所当众强奸妇女的；

（四）二人以上轮奸的；

（五）致使被害人重伤、死亡或者造成其他严重后果的。

猥亵儿童罪、强制猥亵、侮辱妇女罪

第二百三十七条以暴力、胁迫或者其他方法强制猥亵妇女或者侮辱妇女的，处五年以下有期徒刑或者拘役。

聚众或者在公共场所当众犯前款罪的，处五年以上有期徒刑。

猥亵儿童的，依照前两款的规定从重处罚。

非法拘禁罪

第二百三十八条非法拘禁他人或者以其他方法非法剥夺他人人身自由的，处三年以下有期徒刑、拘役、管制或者剥夺政治权利。具有殴打、侮辱情节的，从重处罚。

犯前款罪，致人重伤的，处三年以上十年以下有期徒刑；致人死亡的，处十年以上有期徒刑。使用暴力致人伤残、死亡的，依照本法第二百三十四条、第二百三十二条的规定定罪处罚。

为索取债务非法扣押、拘禁他人的，依照前两款的规定处罚。

国家机关工作人员利用职权犯前三款罪的，依照前三款的规定从重处罚。

绑架罪

第二百三十九条 以勒索财物为目的绑架他人的，或者绑架他人作为人质的，处十年以上有期徒刑或者无期徒刑，并处罚金或者没收财产；致使被绑架人死亡或者杀害被绑架人的，处死刑，并处没收财产。

以勒索财物为目的偷盗婴幼儿的，依照前款的规定处罚。

拐卖妇女、儿童罪

第二百四十条 拐卖妇女、儿童的，处五年以上十年以下有期徒刑，并处罚金；有下列情形之一的，处十年以上有期徒刑或者无期徒刑，并处罚金或者没收财产；情节特别严重的，处死刑，并处没收财产：

（一）拐卖妇女、儿童集团的首要分子；

（二）拐卖妇女、儿童三人以上的；

（三）奸淫被拐卖的妇女的；

（四）诱骗、强迫被拐卖的妇女卖淫或者将被拐卖的妇女卖给他人迫使其卖淫的；

（五）以出卖为目的，使用暴力、胁迫或者麻醉方法绑架妇女、儿童的；

（六）以出卖为目的，偷盗婴幼儿的；

（七）造成被拐卖的妇女、儿童或者其亲属重伤、死亡或者其他严重后果的；

（八）将妇女、儿童卖往境外的。

拐卖妇女、儿童是指以出卖为目的，有拐骗、绑架、收买、贩卖、接送、中转妇女、儿童的行为之一的。

附一 练习题

一、填空题

1. 进入青春期后，男孩儿的第二特征是 ＿＿＿＿＿＿＿＿＿＿＿＿＿＿＿＿＿＿女孩儿的第二特征是 ＿＿＿＿＿＿＿＿＿＿＿＿＿＿＿＿＿＿。

2. 性教育并不只是告诉孩子"我从哪里来"，也不仅仅是简单地教给儿童认识生殖器官的结构和功能。事实上，性教育包括 ＿＿＿＿＿＿、＿＿＿＿＿＿、＿＿＿＿＿＿和 ＿＿＿＿＿＿等方面的教育。

3. 医学研究表明，人在 ＿＿＿＿＿＿岁，才能达到生理成熟。如果过早生育，自己身体还没有发育成熟，会严重影响自己的发育和健康。

4. 性道德包括: ＿＿＿＿＿＿，＿＿＿＿＿＿，＿＿＿＿＿＿，＿＿＿＿＿＿，＿＿＿＿＿＿及 ＿＿＿＿＿＿。性道德除了法律约束之外，还需要 ＿＿＿＿＿＿、＿＿＿＿＿＿＿＿＿＿＿＿和 ＿＿＿＿＿＿＿＿＿＿＿＿等。

5. 接触性侵犯，包括 ＿＿＿＿＿＿、＿＿＿＿＿＿和 ＿＿＿＿＿＿＿＿＿＿＿＿等；二是非接触性侵犯，包括

_____ 、 _____ 、 _____ 、 目睹成人性交等。

6. 你的隐私部位包括背心、裤衩覆盖的 _____ 、 _____ 、 _____ 等，这些部位不要随便让任何人摸或看，你也不看或摸别人的这些部位。

7. 儿童遭遇性侵犯后，会导致受害儿童的 _____ 、 _____ 、 _____ 等一系列的问题。

8. 我们要给予受害儿童更多的关爱、抚慰和帮助，鼓励他们 _____ ，及时阻止 _____ _____ ，解除他们的恐惧不安。

9. 如果有陌生人过来和你说话，可以明确告诉他， _____ ，把陌生人吓走。假如陌生人不肯走，要学会动脑筋，和 _____ ，然后 _____ ，可以一边跑一边大声呼救，以引起他人的注意。

10. _____ 是第一位的，要尽量避免自己受伤害。如果遭遇了性侵犯，要记住 _____ _____ ，事后 _____ 。

二、判断题

1. 只有女孩子才会受到性侵犯，我是男孩子，我不会受到性侵犯。 （　　　）

2. 联合国《儿童权利公约》所定义的儿童，是指18岁以下的人。 （　　　）

3. 儿童性侵犯者的外貌让人一眼看上去就很猥琐。 （　　　）

4. 儿童性侵犯者是社会地位低的人。 （　　　）

5. 儿童性侵犯者有的是陌生人，有的是熟人，甚至自己的父母兄弟姐妹、继父母和老师、同学、邻居、亲戚、朋友以及父母的朋友等。 （　　　）

6. 做人要诚实，对好人不可以说谎，但是对坏人可以说谎。 （　　　）

7. "苍蝇不叮无缝的蛋"，一定是受害人行为不检点才被性侵害。 （　　　）

8. 儿童性侵犯者可能是成年人，也可能是年龄较大或相对比较成熟的其他儿童。 （　　　）

9. 人们逗婴幼儿时，经常用手触摸男孩儿的小鸡鸡以取乐，实际这也是一种性侵犯。 （　　　）

10. 有人送给我礼物是一件高兴的事儿，只要有人给
    我礼物我就接受。　　　　　　　　（　　　）

三、简答题

1. 性教育的目的是什么？

2. 如何预防性骚扰？

3. 儿童性侵犯对儿童有哪些伤害？

4. 性侵犯者为什么选择对儿童实施性侵犯？

5. "童话大王"郑渊洁叔叔在"开学第一课"中告诉我们用哪两件法宝对付性侵犯者？

6. 与人交往的时候，要注意哪五点？

7. 如果有人要你带路去一个你熟悉的地方，你该怎么办？

8. 儿童遭遇侵犯后应该怎么办？

附二

"平安结"关注全国少年儿童身心安全
倡议活动方案（草案）

一、活动背景

近来中小学生被性侵事件时有发生，性侵害是指侵害人以权威、暴力、金钱或甜言蜜语，引诱胁迫他人与其发生性关系，并在性方面造成对受害人的伤害的行为。

性侵害未成年人的体力智力发育不成熟，认知能力、辨别能力以及反抗能力都比较差，有的甚至缺乏有效监护，因而容易受到伤害，应当受到社会的关注。再者，没有对未成年人不良行为及时关注和矫正，是导致其他受伤害未成年人受到伤害的深层次原因。

某专业未成年人保护机构，经过对未成年人受性侵害问题的长期关注，发现未成年人受性侵害案的一系列共性问题和特点，已经成了一个沉重的社会话题。

易受到伤害的未成年人：

1. 在校学生

校园性侵害使被害学生受到的伤害和影响巨大，除了身体和精神的双重伤害外，还面临着辍学、转学、厌学等问题。同时对受害学生家庭造成的伤害也是无法挽回的。

2. 留守儿童

大部分留守儿童由于得不到有效监护和全面保护，在受到侵害后又不能及时告诉亲人，因此成为一部分犯罪人性侵害的"目标"。

二、活动目的和意义

少年儿童的身心安全关系千万家庭的幸福，全社会的和谐，国家的未来。如果少年儿童身体受到侵犯，进而会使心理健康爱到无法平复的伤害，人生观、世界观将会严重扭曲，心理发育失衡。要解决这些问题当然不是一件衣服、一块糖果、一个文具盒就能安抚的。而社会的和谐，国家的未来均无法实现。

此次活动以中国少年儿童新闻出版总社发起，通过活动宣传使全社会热心关注此类问题，并使千万少年儿童自护及维权行为有例可循，有法可引。可以说，为少年儿童们和他们身后的千万家庭做了一件实实在在的好事!

三、活动口号

结成全方位保护伞,保我少年儿童平安!

四、组织机构

主办单位:中国少年儿童新闻出版总社。

主办方介绍:

团中央中国少年儿童新闻出版总社(简称中少总社)是中国共产主义青年团中央直属的少年儿童专业新闻出版机构,它以"为了孩子、为了未来、为了祖国、为了世界"为办社宗旨,以向0至18岁少年儿童提供丰富的新闻信息和优质的精神食粮为己任,以"少儿特色、中国特色、时代特色"为编辑方针。

中国少年儿童新闻出版总社出版5张报纸(即《中国少年报(少年先锋队队报)》、《中国少年报·都市版》、《中国儿童报(少年先锋队队报)》、《中国中学生报》、《中国儿童画报》);出版10种期刊(即《中学生》、《我们爱科学》、《儿童文学》、《中国少年儿童》、《幼儿画报》、《婴儿画报》、《嘟嘟熊》、《中国少年文摘》、《中国卡通》、《知心姐姐》、《中国少儿出版》）；年出版 1000 多种少儿图书、音像多媒体制品；并开设有中少网站（http://www.ccppg.com.cn）。

中国少年儿童新闻出版总社是中国少儿报刊工作者协会、中国少儿读物出版工作委员会和国际儿童读物联盟中国分会 3 个少儿新闻出版行业组织的牵头单位，联系着全国 203 家少儿报刊和 35 家少儿专业出版社，并与 50 多个国家和地区保持着密切的出版合作与交流。它以崭新姿态步入 21 世纪的中国少年儿童新闻出版总社，将承袭半个世纪的宝贵经验，发挥中国最大的少年儿童传媒集团的优势，发挥品牌、资源、资金、市场、人才优势，为亿万少年儿童提供迅捷、全面、优质的服务，为亿万少年儿童的健康成长做出新的贡献。

五、活动形式

以中少总社下属各报刊为宣传阵地，以中少总社在全国少年儿童中的影响力为沟通渠道，以各种灵活的宣传形式（校园黑板报、法律讲座、自护知识讲座、发放自护知识小册子、主题班会、论文征集、安全知识竞赛、征文比赛等）为促进少年儿童积极、方便地了解相关知识的方法。

1．校园黑板报：在中少总社各大报纸的活动专栏中对中小学进行法制黑板报的编排进行指导。

以中少总社强大的编辑力量对参与活动的中小学校进行单独的辅导，在中小学生对编辑黑板报的热情和兴趣中，进行安全自护的法制宣传。

周期：活动专栏为五报十一刊每月一期。单独辅导为活动全程。

2．法律讲座、自护知识讲座：邀请社会知名法学、公安、心理专家录制法律访谈和自护知识讲座节目，并以专栏的形式发表。

对有需求的学校可以安排专家进校宣读。

周期：讲座专栏为五报十一刊每两月一期。进校宣讲为活动全程。

3．主题班会：以特定的形式，丰富的内容组织参与活动的各中小学以班级为单位，召开少年儿童身心自护主题班会，并进行大评比。

周期：活动全程。

4. 论文征集：对参与活动的广大教师进行校园法制论文的征集，发表在核心期刊《中国少年儿童研究》上，既为今后的校园普法积累了丰富的经验，又激发了广大教师参与活动的积极性。

5. 安全知识竞赛、征文比赛：组织在校学生免费参加安全知识竞赛和征文比赛，并设置奖项。目的在于使学生尽可以多地记住相关知识，提高自护意识。

周期：活动全程。颁奖设于 2014 年 10 月。

六、活动流程

2014 年 4 月

在京举办"平安结"活动启动仪式。

中少总社旗下报刊共同发文。标志着"平安结"关注全国少年儿童身心安全倡议活动正式启动。

2014 年 4 月—2014 年 9 月

活动进行中。

以报名参加此次活动的中小学为服务对象。无偿对各中小学校进行上述各种形式的宣传与指导。

以中少总社各大报纸为展示平台，刊登相关学校进行此次活动的新闻和学习心得。

小读者互动

同学们，读完这本书，你有什么感想呢？写在这里吧！